Praxishilfe Evangelisches Lektionar

Herausgeber:
Volkmar Gregori

Impressum:

ISBN 3-930180-45-6

Herausgeber: Volkmar Gregori

Praxishilfe Evangelisches Lektionar

© Verlag Neues Buch, Nidderau 2001

Inhaltsverzeichnis

Vorwort ....

Vorbereitung von Kasualgesprächen und Kasualgottesdiensten 9
   Gedicht – Reinhard Grebe 10
   Taufe – Hans Körner 11
   Taufe – Volkmar Gregori 15
   Erwachsenentaufe – Thomas Schwab 20
   Trauung – Volkmar Gregori 23
   Beerdigung – Volkmar Gregori 26

Taufe – ja, aber… 31
   Gedicht 32
   Taufformen – Andreas Neeb 34
   Taufe im Neuen Testament – Thomas Schwab 36
   Luthers Taufverständnis – Reinhard Grebe 38
   Glaube und Taufe – Hans Körner 40
   Taufe: ein einmaliges Angebot – Wolfgang Heckel 41
   Das „richtige" Taufalter – Volkmar Gregori 43
   Taufvorbereitung – Dirk Acksteiner 45
   „Die Taufe ist ein wunderbares Geschenk, das Gott uns macht…
   Aber wie bei jedem Geschenk ist es unsere Aufgabe, es auszupacken!" –
                    Kathrin Neeb 48
   Die Taufe und unsere „Elternpflichten" – Dirk Grießbach 50
   Die Taufe und die Pflichten des Patenamtes – Dirk Grießbach 52

Taufansprachen mit Namen 55
   Gedicht – Reinhard Grebe 56
   Daniel – Wolfgang Heckel 57
   David – Volkmar Gregori 59
   Elisabeth – Hans Körner 62
   Jan (Johannes) – Dirk Acksteiner 65
   Maria – Wolfgang Heckel 68
   Michael/Michaela – Volkmar Gregori 70
   Paul – Wolfgang Heckel 73
   Sarah – Wolfgang Heckel 75
   Sophie/Sophia – Wolfgang Heckel 78
   Tobias – Dirk Grießbach 80

Antworten auf Glaubensfragen 83
   Gedicht – Reinhard Grebe 84
   „Wird Gott alles mit sich versöhnen?" – Dirk Grießbach 86
   Was geschieht mit mir nach dem Tod? – Andreas Neeb 88
   Hauptsache gesund? – Volkmar Gregori 90
   „Woher nahm Kain seine Frau?" – Hans Körner 91
   „Warum ist Gott nicht zu sehen?" – Wolfgang Heckel 93

Beten Christen und Moslems zu dem selben Gott? – Dirk Acksteiner 95
Brauche ich die Kirche zum Glauben? – Reinhard Grebe 98
Wie lange dauert ein Schöpfungstag? – Kathrin Neeb 100
Viele Religionen – Ist Jesus Christus der einzige Weg? –
                              Thomas Schwab 102
Glauben die Pfarrer und Pfarrerinnen was sie predigen? –
                              Johannes Steiner 104

Begrüßung im Gottesdienst 107
    Gedicht – Reinhard Gerbe 108
    allgemein – Volkmar Gregori 109
    allgemein – Volkmar Gregori 110
    allgemein – Reinhard Grebe 111
    Festgottesdienst – Reinhard Grebe 112
    mit Taufe – Volkmar Gregori 113

Gebete im Gottesdienst 115
    Gedicht – Reinhard Grebe 116

Sündenbekenntnis 117
    allgemein – Volkmar Gregori 118
    Adventszeit – Dirk Grießbach 119
    Adventszeit – Hans Körner 120
    Sonntag Invokavit – Hans Körner 121
    Passionszeit – Hans Körner 122
    Passionszeit – Volkmar Gregori 123
    Passionszeit – Dirk Grießbach 124
    Passionszeit – Dirk Grießbach 125
    Sakramentsgottesdienst – Reinhard Grebe 126
    Gottesdienst mit Taufe – Volkmar Gregori 127
    Festgottesdienst – Johann Beck 128
    Ende des Kirchenjahres – Volkmar Gregori 129

Gebet des Tages/Kollektengebet 131
    allgemein – Volkmar Gregori 132
    Adventszeit – Reinhard Grebe 133
    Adventszeit – Reinhard Grebe 134
    Einheit des Glaubens – Reinhard Grebe 135
    Konfirmation – Reinhard Grebe 136
    Muttertag – Dirk Grießbach 137
    Michaelisfest – Reinhard Grebe 138

Allgemeines Kirchengebet/Fürbitten 139
    Ferien – Reinhard Grebe 140
    Erntedank – Reinhard Grebe 141
    Frieden – Volkstrauertag – Reinhard Grebe 142
    Lob der Schöpfung – Reinhard Grebe 143
    allgemein – Reinhard Grebe 144

Andachten zu Geburtstagen 147
    Gedicht – Reinhard Grebe 148
    Geburtstag im Alter – Hans Körner 149
    70. Geburtstag – Hans Körner 151
    70. Geburtstag – Johannes Steiner 153
    80. Geburtstag – Dirk Grießbach 156
    Geburtstage von Mitarbeitenden – Reinhard Grebe 158

Andachten 161
    zur Einweihung ein neuen Schützenhauses – Dirk Acksteiner 162
    Übergabe eines Löschfahrzeuges – Dirk Acksteiner 164
    in der Schule – Dirk Aksteiner 166
    Gedenken an die Verstorbenen – Dirk Acksteiner 169

Briefe 171
    Gedicht – Reinhard Grebe 172
    Tauferinnerungsgottesdienst – Volkmar Gregori 173
    Tauferinnungsgottesdienst – Hans Körner 174
    1. Tauftag – Dirk Acksteiner 175
    1. Tauftag – Johannes Steiner 177
    1. Tauftag – Dirk Grießbach 178
    Schulanfang – Thomas Schwab 180
    18. Geburtstag – Reinhard Grebe 181
    18. Geburtstag – Thomas Schwab 183
    18. Geburtstag – Volkmar Gregori/Hans Körner 184
    40. Geburtstag – Thomas Schwab 185
    40. Geburtstag – Dirk Grießbach 186
    50. Geburtstag – Thomas Schwab 188
    60. Geburtstag – Thomas Schwab 189
    1. Hochzeitstag – Johannes Steiner 190
    Jubiläumstrauung – Volkmar Gregori 191
    Totengedenken am Ewigkeitssonntag – Johannes Steiner 192
    Totengedenken am Ewigkeitssonntag – Thomas Schwab 193
    1. Todestag – Dirk Gießbach 194
    1. Todestag – Volkmar Gregori 196
    Zugezogen – Volkmar Gregori 197
    Kirchenaustritt – Johannes Steiner 198
    Kirchenaustritt – Dirk Acksteiner 199
    Kirchenaustritt – Thomas Schwab 201
    Kirchenaustritt – Reinhard Grebe 202
    Kirchenaustritt – Volkmar Gregori/Hans Körner 204

Verzeichnis der Mitarbeitenden 207

Vorwort

Die „Praxishilfe Evangelisches Lektionar" wurde in mehreren Jahren von den Gemeindepfarrern im Evang.-Luth. Dekanatsbezirk Ludwigsstadt, Bayern, zusammengetragen. Die Texte sind in der pfarramtlichen Praxis entstanden oder erprobt und haben sich in Alltagen und Festtagen bewährt.

Den Mitgliedern des Pfarrkapitels Ludwigsstadt ist Zusammenarbeit wichtig. Dabei erfahren sie, dass Zusammenarbeit entlastet, die eigene Arbeit bereichert und deren Qualität steigert. „Praxishilfe Evangelisches Lektionar" ist eine Frucht dieser Zusammenarbeit.

Wir möchten „Praxishilfe Evangelisches Lektionar" Kolleginnen und Kollegen im Pfarramt weitergeben mit der Hoffnung, dass sie den einen oder den anderen Baustein in ihrem täglichen Dienst gebrauchen können. Gerade in den Kapiteln „Briefe", „Vorbereitung von Kasualgesprächen und Kasualgottesdiensten" sowie „Taufansprachen mit Namen" sind Materialien zu finden, denen man seltener begegnet.

Ich danke den Schwestern und Brüdern im Pfarrkapitel Ludwigsstadt für vielfältige Zusammenarbeit und für die Weitergabe von erprobten Materialien, aus denen diese „Praxishilfe Evangelisches Lektionar" wurde. Gertrud Herzog, Mitarbeiterin im Dekanatsbüro Ludwigsstadt, hat die Beiträge der einzelnen Autoren zusammengestellt und abgeschrieben. Dafür sprechen die Verfasser ihr herzlichen Dank aus.

Volkmar Gregori, Dekan

VORBEREITUNG VON KASUALGESPRÄCHEN UND KASUALGOTTESDIENSTEN

Vorbereitung von Kasualgesprächen und Kasualgottesdiensten

Gedicht
Reinhard Grebe

Gottesknecht
Aufruhr der Zeiten!
Vorhang im Tempel zerreißt:
„Sehet, welch ein Mensch!"

Aufruhr der Freunde!
„Ich kenne den Menschen nicht!"
Der Knecht ist allein.

Aufruhr des Hasses!
Golgatha, Kreuzigung, Tod:
„Weg, weg mit dem, weg!"

Aufruhr der Schöpfung,
stöhnend, erbebend vor Scham:
„Weh euch, ihr Mörder!"

Aufruhr der Heiden!
Fremder Soldat erkennt es:
„Er war Gottes Sohn!"

Antwort des Knechtes:
„Wer an mich glaubt, wird leben!"
Lob sei dir, Christus!

Vorbereitung von Kasualgesprächen und Kasualgottesdiensten

Taufe
Hans Körner

Liebe Eltern und Paten!
Zur Geburt Ihres Kindes beglückwünsche ich Sie ganz herzlich. Bestimmt ist Ihre Freude groß, wenn Sie auf Ihr Kind sehen, das Ihnen geschenkt wurde.
Ich möchte Ihnen zu diesem Anlass, bei dem Sie das Wunder der Schöpfung in ganz besonderer Weise erleben durften, ein paar eindrückliche Zeilen schreiben. Sie sind im Alten Testament zu lesen:

„Du hast meine Nieren geschaffen,
Du hast mich gewoben im Mutterschoß,
ich danke dir, dass ich so herrlich bereitet bin,
so wunderbar: Meine Seele kanntest du wohl,
mein Gebein war dir nicht verborgen,
da ich im Dunkeln gebildet wurde,
kunstvoll gewirkt in der Erdentiefe.
Deine Augen sahen alle meine Tage,
in deinem Buche standen sie alle „
sie wurden geschrieben, sie wurden erdacht,
als noch keiner von ihnen da war."
(Psalm 139,13-16)

Die Bedeutung der Taufe
Sie haben sich entschlossen, Ihr Kind taufen zu lassen. Dadurch bringen Sie Ihr Kind zu dem zurück, aus dessen Willen es letztlich gekommen ist. Getauft zu werden heißt nämlich so viel wie in die helfenden und rettenden Hände Gottes gelegt zu werden. Dass es diese Möglichkeit gibt, kann uns froh stimmen – gerade auch im Hinblick auf so viele Nöte, die das Leben auf dieser Welt bedrohen.
Martin Luther war es, der dieses Leben mit einem unruhigen, oft gefahrvollen Ozean verglichen hat. Die Taufe sah er dabei wie ein Schiff, auf das ein vom Untergang bedrohter Mensch gezogen und damit in den sicheren Hafen gebracht wird. Hilfreich könne aber dieses Schiff der Taufe nur sein, solange man nicht abspringt in der irrtümlichen Meinung, man käme auch aus eigener Kraft ans Ziel – ohne Vertrauen auf jenes Schiff, d. h. auf die Zusagen Jesu in der Taufe.

Damit Ihr Kind Vertrauen zu diesem „Schiff" behält, ist es nötig, dass Sie als Eltern und Paten mit Ihrem Kind bzw. für Ihr Kind beten und ihm biblische Geschichten erzählen. So kann es Jesus und seine in der Taufe gegebenen Zusagen frühzeitig kennenlernen und lieb gewinnen. Sie geben dabei Ihrem Kind eine entscheidende Hilfe für das Leben mit.

Das Taufversprechen
Im Rahmen des Taufgottesdienstes versprechen Sie und die Paten, die Aufgabe der christlichen Erziehung als Konsequenz der Taufe zu übernehmen. Dabei können Sie eine der nachstehenden Formen für Ihr Taufversprechen auswählen und mir beim Taufgespräch mitteilen:

Form A: Liebe Eltern! Wir alle haben unser Leben von Gott. So sollt ihr Euer Kind als Gabe des Schöpfers annehmen. Durch Eure Liebe gewinnt es das erste Zutrauen zur Liebe Gottes. Größer als unsere Liebe ist die Liebe Christi.
Darum sollt Ihr Euer Kind zum Glauben an Jesus Christus hinführen und zum Beten anleiten. Seid Ihr dazu bereit, so antwortet: Ja, mit Gottes Hilfe.

Liebe Paten! Ihr vertretet bei diesem Kind die christliche Gemeinde. An den Paten soll der heranwachsende, junge Christ sehen können, wie ein Mensch lebt in der Verantwortung vor Gott. Deshalb frage ich Euch: Seid Ihr bereit, das Patenamt an diesem Kind zu übernehmen, wollt Ihr für dieses Kind beten, ihm in Notlagen beistehen und ihm helfen, dass es ein lebendiges Glied der Kirche Jesu Christi bleibt, so antwortet: Ja, mit Gottes Hilfe.

Form B: Liebe Eltern! Dieses Kind ist Euch als Gabe Gottes, des Schöpfers, anvertraut. Es ist Gottes Wille, dass Ihr Euer Kind christlich erzieht und dafür sorgt, dass es ein lebendiges Glied der Gemeinde Jesu Christi bleibt. Seid Ihr dazu bereit, so antwortet: Ja, mit Gottes Hilfe.

Liebe Paten! Ihr habt das Patenamt an diesem Kind übernommen. Darum sollt Ihr Euch für die christliche Gemeinde um dieses Kind annehmen, den Eltern bei der Erziehung helfen und darauf achten, dass Euer Patenkind die zehn Gebote, das christliche Glaubensbekenntnis und das Vaterunser lernt. Seid Ihr dazu bereit, so sprecht: Ja, mit Gottes Hilfe.

Form C: Liebe Eltern und Paten! Wollt Ihr, dass Euer Kind im Namen des Dreieinigen Gottes getauft und so der Herrschaft Christi unterstellt wird, und seid Ihr bereit, alles zu tun, was in Eurer Macht steht, dass Euer Kind im christlichen Glauben aufwachsen und ihn bei seiner Konfirmation selbst bekennen kann, so antwortet: Ja, mit Gottes Hilfe.

Hilfen zur christlichen Erziehung
Zur Aufgabe der Glaubenserziehung Ihres Kindes kann Ihnen Ihre Kirchengemeinde verschiedene Dienste anbieten.
● Gerne sind wir Ihnen behilflich bei der Auswahl und Bestellung von altersgerechter Erzählliteratur biblischer Geschichten, Gebetshilfen, christlichen Hörkassetten und Videofilmen (Hinweis auf einen evtl. vorhandenen Büchertisch). Darüber hinaus können wir Ihnen für Ihre Kinder folgende altersspezifische Angebote machen: (Hinweis auf Mutter-Kind-Gruppen, Kindergarten, Kindergruppen, Kinder- und Familiengottesdienste etc.)
Auf diese Weise kann möglich werden, was im Neuen Testament als der Wille Jesu Christi überliefert wird:

„Lasst doch die Kinder zu mir kommen! Haltet sie nicht zurück! Denn für Menschen wie sie ist das Reich Gottes bestimmt. Habt ihr denn immer noch nicht begriffen: Wer nicht wie ein kleines Kind voller Vertrauen zu Gott kommt, dem bleibt das Reich Gottes verschlossen."
(Markus 20, 14+15; nach einer zeitgemäßen Übersetzung)

Das Patenamt
Kinder brauchen für eine gesunde Entwicklung Vorbilder. Das sind in erster Linie natürlich die Eltern. Es ist aber gut, wenn noch jemand da ist,
● dem ein Kind neben seinen Eltern vertrauen, an dem es ablesen kann, wie Leben in seinen vielfältigen Bezügen gelingt.
Wer von den Eltern gebeten wurde, das Patenamt zu übernehmen, hat deshalb einen wichtigen Auftrag. Dieser wird sich neben dem herkömmlichen Beschenken besonders darin zeigen, für das Patenkind zu beten, dem Kind ein Vorbild gelebten Glaubens zu sein und – so gut es eben geht – eine Vertrauensbeziehung zu ihm aufzubauen. Das Patenkind wird später vielleicht froh sein darüber, einen über das Elternhaus hinausgehenden Ansprechpartner für Fragen, Sorgen und Nöte zu haben.

Da das Patenamt auch den Glaubensbereich betrifft, kann Pate werden, wer der evangelischen Kirche angehört. Als weitere Paten können neben einem evangelischen Paten auch Glieder einer anderen christlichen Kirche zugelassen werden. Wer keiner christlichen Kirche angehört, ist vom Patenamt ausgeschlossen.
Die Paten werden deshalb gebeten, zum Taufgespräch eine Bescheinigung ihres zuständigen Pfarramtes mitzubringen, aus der die Zugehörigkeit zu einer christlichen Kirche und die Befähigung zum Patenamt ersichtlich ist (nur nötig bei Paten, die nicht am Taufort des Kindes wohnen).

Das Taufgespräch
Ganz herzlich sind Sie – die Eltern und (wenn möglich) auch die Paten – am.................. zum Taufgespräch ins Pfarrhaus eingeladen (Wohnort, Straße, Telefon). Dabei wollen wir noch grundsätzliche Dinge besprechen wie: Sinn der Taufe, Aufgabe der Eltern und Paten, Bedeutung der christlichen Erziehung, Ablauf bzw. Gestaltung des Taufgottesdienstes etc..
Gerne können auch andere Themen und Fragen in das Gespräch eingebracht werden.
Bitte bringen Sie zum Taufgespräch Ihr Familienstammbuch und eine Abstammungsurkunde des Kindes mit. Die Taufe des Kindes wird im Familienstammbuch beurkundet und die Eintragung ins Taufregister der Kirchengemeinde vorgenommen.

Ein Tauflied:
Kind, du bist uns anvertraut.
Wozu werden wir dich bringen?
Wenn du deine Wege gehst, wessen Lieder wirst du singen?
Welche Worte wirst du sagen und an welches Ziel dich wagen?

Freunde wollen wir dir sein.
sollst des Friedens Brücken bauen.
Denke nicht, du stehst allein;
kannst der Macht der Liebe trauen.
Taufen dich in Jesu Namen.
Er ist unsere Hoffnung.
Amen.

EG 576

Vorbereitung von Kasualgesprächen und Kasualgottesdiensten

Taufe
Volkmar Gregori

Taufgottesdienst von _____

Liebe Eltern und liebe Paten!
Zur Geburt Ihres Kindes beglückwünsche ich Sie von ganzem Herzen. Sicher haben Sie sich mächtig darüber gefreut, weil Ihnen ein Kind geschenkt wurde. Ich hoffe, Mutter und Kind sind wohlauf. Es ist auch mein Gebet, dass Ihr Kind gesund und behütet aufwachsen darf.

Für unsere Gemeinde ist es Anlass zur Freude und Dankbarkeit, dass Sie nun kommen und Ihr Kind zur Taufe anmelden. Eltern haben verschiedene Gründe, wenn sie ihr Kind zur Taufe bringen: weil es so üblich ist; weil das Kind später keine Nachteile haben soll; weil sie sich freuen und Gott für ihr Kind danken möchten; weil sie ihrem Kind den Weg zum christlichen Glauben zeigen wollen; weil die Taufe ihres Kindes die Hoffnung und das Vertrauen ausdrückt, das Christen auf Gott setzen……
Sicher ist: Gott nimmt Ihr Kind an, so wie Sie es zu ihm bringen. Er sagt sichtbar „Ja" zu Ihrem Kind. In der Taufe wird Ihr Kind Gott anvertraut, in die Gemeinschaft der Christen aufgenommen und gesegnet. In der Bibel heißt es – und so gilt es Ihrem Kind: „Berge mögen von der Stelle weichen und Hügel wanken, aber meine Liebe zu dir kann durch nichts erschüttert werden. Das sage ich, der Herr, der dich liebt." (Gute Nachricht Bibel, Jesaja 54, 10). Im Vertrauen auf diese Liebe Gottes können Sie Ihr Kind voller Freude zur Taufe bringen; und in der Hoffnung, dass Ihr Kind diese wunderbare Liebe Gottes einmal annehmen und erwidern kann.

Auf die Begegnung mit Ihnen und Ihren Angehörigen freue ich mich und wünsche Ihnen und Ihrem Kind Gottes reichen Segen.

Zu Ihrer besseren Orientierung einige Hinweise zur Taufe Ihres Kindes.

Taufgespräch
Als Termin für das Taufgespräch haben wir vereinbart:…………………
Falls wir ungestört sein können, suche ich Sie gerne in Ihrer Wohnung auf. Ansonsten sind Sie eingeladen, ins Pfarrhaus zu kommen. Schön

wäre es, wenn auch die Paten des Täuflings an dem Taufgespräch teilnehmen könnten. Unser Taufgespräch soll dem gegenseitigen Kennenlernen dienen oder der Vertiefung schon vorhandener Beziehungen, vor allem aber dem Nachdenken über die Taufe, über ihren Sinn und über ihre Gestaltung. Wir können auch über andere Themen reden, insbesondere über alles, was mit Glauben und Kirche zusammenhängt.

Geben Sie mir bitte beim Taufgespräch Ihr Familienstammbuch und eine Abstammungsurkunde mit. Im Pfarramt wird die Taufe Ihres Kindes im Familienstammbuch beurkundet und die Eintragung ins Taufregister der Kirchengemeinde vorgenommen.

Tauftermin
Von Anfang an ist in der Kirche der Sonntag, der Tag der Auferstehung Christi, auch der Tauftag gewesen. Die Taufe im Hauptgottesdienst am Sonntag macht für Sie, für die Paten und für Ihre Taufgäste die Zugehörigkeit des Täuflings zur Gemeinde besonders deutlich. Zudem setzt die mitsingende und mitbetende Gemeinde einen festlichen Akzent für diesen wichtigen Tag im Leben Ihrer Familie.

Wir können die Taufe Ihres Kindes aber auch in einem Taufgottesdienst im Anschluss an den Hauptgottesdienst der Gemeinde feiern oder an einem Samstag oder im Kindergottesdienst oder im Kindergarten. Was bevorzugen Sie?

Taufe im Hauptgottesdienst
Wird Ihr Kind im Hauptgottesdienst getauft, folgt die Taufe auf das Lied nach der Predigt. Während Ihre Angehörigen von Beginn an den Gottesdienst mitfeiern und auf den vorderen Bänken Platz genommen haben, hole ich den Täufling und seine Begleitung – in der Regel sind das Sie und die Paten – beim Lied nach der Predigt im Gemeindehaus neben der Kirche oder in der Sakristei ab. Das wird gegen 10.10 Uhr sein.

Ordnung des Taufgottesdienstes
Damit Sie sich auf den Taufgottesdienst Ihres Kindes einstellen können, nenne ich Ihnen den Ablauf:
Begrüßung der Taufgemeinde im Vorraum der Kirche – festlicher Einzug unter Orgelspiel – Gruß – Eingangslied – Taufbefehl – Bezeichnung mit dem Kreuz – Gebet – Taufpredigt – Tauflied – Taufversprechen von Eltern und Paten – Kinderevangelium – Handauflegung mit dem Vaterunser

Tauflied – Glaubensbekenntnis – Taufe – Taufsegen – Taufkerze.
Segnung der Familie – Danklied – Gebet – Segen – Orgelnachspiel.

Vorschläge zur Gestaltung
Wir werden die Gestaltung des Taufgottesdienstes miteinander absprechen und dabei mehrere Anregungen bedenken. Der Taufspruch ist ein Segenswunsch für Ihr Kind. Er wird während der Taufe gesprochen und in die Taufurkunde eingetragen. Dabei handelt es sich immer um ein Bibelwort. Mögen Sie diesen Segenswunsch für Ihr Kind selbst aussuchen? Genauso können Sie die Lieder, die wir bei der Taufe singen werden, vorschlagen.
Es wäre schön, wenn die beiden Texte aus der Bibel – der Taufbefehl und das Kinderevangelium – entweder von Geschwistern, Paten, Eltern oder Großeltern des Täuflings vorgelesen werden könnten.

Taufversprechen
Eltern und Paten versprechen bei der Taufe, das Kind christlich zu erziehen. Wie niemand sonst, sind Sie auch im Bemühen um Glauben und Liebe Ihrem Kind Beispiel und Vorbild. Bitte wählen Sie eine der nachstehenden Formen für Ihr Taufversprechen aus:

Form A: Liebe Eltern! Wir alle haben unser Leben von Gott. So sollt Ihr Euer Kind als Gabe des Schöpfers annehmen. Durch Eure Liebe gewinnt es das erste Zutrauen zur Liebe Gottes. Größer als unsere Liebe ist die Liebe Christi. Darum sollt Ihr Euer Kind zum Glauben an Jesus Christus hinführen und zum Beten anleiten. Seid Ihr dazu bereit, so antwortet: Ja, mit Gottes Hilfe.
Liebe Paten! Ihr vertretet bei diesem Kind die christliche Gemeinde. An den Paten soll der heranwachsende, junge Christ sehen können, wie ein Mensch lebt in der Verantwortung vor Gott. Deshalb frage ich Euch: Seid Ihr bereit, das Patenamt an diesem Kind zu übernehmen, wollt Ihr für dieses Kind beten, ihm in Notlagen beistehen und ihm helfen, dass es ein lebendiges Glied der Kirche Jesu Christi bleibt, so antwortet: Ja, mit Gottes Hilfe.

Form B: Liebe Eltern! Dieses Kind ist Euch als Gabe Gottes, des Schöpfers, anvertraut. Es ist Gottes Wille, dass Ihr Euer Kind christlich erzieht und dafür sorgt, dass es ein lebendiges Glied der Gemeinde Jesu Christi bleibt. Seid Ihr dazu bereit, so antwortet: Ja, mit Gottes Hilfe.
Liebe Paten! Ihr habt das Patenamt an diesem Kind übernommen. Darum sollt Ihr Euch für die christliche Gemeinde

um dieses Kind annehmen, den Eltern bei der Erziehung helfen und darauf achten, dass Euer Patenkind die Zehn Gebote, das christliche Glaubensbekenntnis und das Vaterunser lernt. Seid Ihr dazu bereit, so sprecht: Ja, mit Gottes Hilfe.

Form C: Liebe Eltern und Paten! Wollt Ihr, dass Euer Kind im Namen des Dreieinigen Gottes getauft und so der Herrschaft Christi unterstellt wird, und seid Ihr bereit, alles zu tun, was in Eurer Macht steht, dass Euer Kind im christlichen Glauben aufwachsen und ihn bei seiner Konfirmation selbst bekennen kann, so antwortet: Ja, mit Gottes Hilfe.

Wer Ihr Kind über die Taufe halten soll, bestimmen Sie selbst. Viele Eltern bitten einen Paten, eine Patin darum. Die Mutter kann bei der Taufe dem Täufer das Taufwasser aus der Taufkanne in die Hand gießen. Der Vater nennt vor der Taufe die Namen des Kindes. Das Kind gehört durch die Taufe zur großen Familie der Kinder Gottes. Für Gott sind wir unverwechselbar, unersetzbar, einmalig. Deshalb wird bei der Taufe der Name des Kindes genannt. „Freut euch, dass eure Namen im Himmel geschrieben sind." (Lukasevangelium 10, 20)
Einer Ihrer Taufgäste kann an der Osterkerze in unserer Kirche die Taufkerze Ihres Kindes anzünden. Die Taufkerze ist ein Geschenk der Kirchengemeinde. Sie kann aber auch von Ihnen oder von den Paten selbst gestaltet und verziert werden, z. B. mit dem Namen, dem Taufdatum und christlichen Symbolen.
Vielleicht gefällt es Ihnen, wenn im Taufgottesdienst Gebete, Hoffnungen, Wünsche Ihrer Verwandten und Freunde für Ihr Kind zusammengetragen werden. Diese Anliegen könnten auf besonders gestaltete Kärtchen geschrieben werden, die beispielsweise die Form von Baumblättern, Fischen, Händen, Kreuzen oder Kerzen haben und die dann auf einem Plakatkarton angeordnet und aufgeklebt werden. Dieses Plakat, im Kinderzimmer aufgehängt, ist eine schöne und sichtbare Erinnerung an die Taufe Ihres Kindes.
Spielt jemand von Ihren Taufgästen ein Instrument, so dass er an passender Stelle ein kleines Musikstück darbieten kann? Das wäre ein persönliches Geschenk, gerade darum braucht es nicht „perfekt" zu sein. Vor allem Kinder beteiligen sich auf diese Weise gern an der Taufe. Oder vielleicht gibt es jemanden, der ein geeignetes Gedicht vorträgt? Auch dabei sind Kinder am unbefangensten.
Bei der Segnung der Familie am Altar können die mitfeiernden Angehörigen und Freunde im Halbkreis hinter dem Täufling und seiner Familie

stehen, um so zu zeigen: „Wir halten zu euch. Wir sind für euch da, wenn ihr uns braucht. Wir stärken euch den Rücken."
Wenn Sie eine andere Vorstellung für die Gestaltung des Taufgottesdienstes haben, so sagen Sie es bitte. Wir werden über die verschiedenen Möglichkeiten miteinander reden.
Ich finde es ist schön, wenn mehrere sich an der Gestaltung der Taufe beteiligen. So kann ein wenig deutlich werden: Nicht einer tauft das Kind. Die Taufe geht alle an, die zur christlichen Gemeinde gehören.

Patendienst
Liebe Paten! Sie wurden von den Eltern gebeten, das Ehrenamt der Paten zu übernehmen. Als Paten haben Sie natürlich nicht nur für Geschenke zu sorgen. Viel wichtiger ist es, dass Sie Ihr Patenkind begleiten. Ich denke dabei auch an das Gebet mit und für das Patenkind. Als Vorbilder haben Paten ein weites Aufgabenfeld. Gerade im Konfirmandenalter ist Ihr Patenkind bei seiner Suche nach einem verlässlichen Lebensstil im besonderen Maße auf glaubwürdige Begleiter und Vorbilder angewiesen. So helfen Sie mit, dass das Kind seine Aufnahme in die christliche Gemeinde später verstehen und durch die Konfirmation selbst bejahen kann.
Es ist wichtig, dass Sie Ihr Patenkind besuchen. Gerade der Tauftag ist ein guter Anlass für einen Besuch. Dabei erinnert die brennende Taufkerze an den Tag der Taufe. An seinem Tauftag sollte Ihr Patenkind besonders spüren können, wie es von seinen Paten geliebt wird.
Paten übernehmen ein kirchliches Ehrenamt. Deshalb kann Pate sein, wer der evangelischen Kirche angehört. Es können aber auch Mitglieder einer anderen christlichen Kirche als Paten zugelassen werden. Vom Patendienst ist ausgeschlossen, wer keiner christlichen Kirche angehört.
Als Paten sind Sie gebeten, zum Taufgespräch eine Patenbescheinigung Ihres Pfarramtes vorzulegen, sofern Sie unserer Kirchengemeinde angehören.

Blumenschmuck
Wenn Sie es gerne haben möchten, dass die Kirche zur Taufe Ihres Kindes einen besonderen Blumenschmuck erhalten soll, so können Sie gerne dafür sorgen. Bitte sprechen Sie das mit unserem/unserer Küster/in ab.

Vorbereitung von Kasualgesprächen und Kasualgottesdiensten

Erwachsenentaufe
Thomas Schwab

Liebe Frau.......!
Sie wollen sich als Erwachsene taufen lassen.
Das freut mich sehr.
Hier einige Hinweise und Informationen:

Was ist die Taufe?
Wer sich taufen lässt, hat eine Entscheidung getroffen.
Er wird durch die Taufe Mitglied der Kirche, aber er geht mit seiner Taufe auch eine persönliche Beziehung mit Jesus Christus ein. Das heißt: er sagt JA zu dem, der in der Taufe zu uns JA sagt, zu dem Dreieinigen Gott, der sich in Jesus Christus offenbart hat.
Gottes Taufgnade und menschlicher Glaube kommen also zusammen und verbinden sich.
Während bei der Kindertaufe die Eltern stellvertretend für ihr Kind ihren christlichen Glauben bekennen und dieser dann bei der Konfirmation von dem Getauften bestätigt wird, fällt bei der Erwachsenentaufe beides zusammen: das Bekenntnis des Täuflings zu dem Dreieinigen Gott und das Geschenk der Gnade Gottes in der Taufe.

So werden Sie bei Ihrer Taufe angesprochen und gefragt:

Pfarrer:	„Wer um die Taufe bittet, hat eine Entscheidung getroffen. Er bekennt sich zu dem Dreieinigen Gott und sagt damit der Macht des Bösen ab. Er wird in die Gemeinschaft der Kirche aufgenommen. So frage ich dich: Glaubst du an Gott, den Vater, den Schöpfer aller Dinge?"
Täufling:	„Ja, ich glaube."
Pfarrer:	„Glaubst du an Jesus Christus, Gottes Sohn, unsern Herrn?"
Täufling:	„Ja, ich glaube."
Pfarrer:	„Glaubst du an den Heiligen Geist, der lebendig macht?"
Täufling:	„Ja, ich glaube."

Daraufhin sprechen wir gemeinsam mit der Gemeinde das Glaubensbekenntnis als Ausdruck unseres christlichen Glaubens.

Dann werden Sie gefragt:
Pfarrer: „Du hast dich mit der Gemeinde zu dem Dreieinigen Gott bekannt. Nun frage ich dich: Willst du getauft werden?"
Täufling: „Ja, ich will getauft werden."

Es folgt die Taufe. Ihr Kopf wird dreimal mit Wasser begossen, verbunden mit den Worten: „…… ich taufe dich im Namen des Vaters und des Sohnes und des Heiligen Geistes."

Nun folgt der Taufsegen.

Die anschließende Feier des Heiligen Abendmahls bindet Ihre Taufe ein in die Gemeinschaft, die wir als christliche Gemeinde untereinander und mit unserm Herrn Jesus Christus haben.

Der Weg zur Taufe
Wer sich taufen lässt und sich damit zu Jesus Christus bekennt, soll auch wissen, wer dieser Jesus war und welche Bedeutung er für uns Christen hat. Er muss Bescheid wissen über die wichtigsten Grundlagen des christlichen Glaubens.

Deshalb sind vorbereitende Gespräche nötig.
Folgende Inhalte sind dabei wichtig:
- Wer war Jesus von Nazareth und was sagt unser christlicher Glaube über ihn (Glaubensbekenntnis)?
- Welche Bedeutung hat die Bibel für uns Christen und wovon handelt sie?
- Was bedeuten Taufe und Abendmahl?
- Worum geht es im Gottesdienst?
- Was heißt zu Gott beten?
- Was bedeutet „Leben in der Gemeinde"?

Deshalb ist es bei uns üblich, sich vor der Taufe mehrmals zu treffen, um diese Fragen miteinander zu besprechen.
Das Glaubensbekenntnis und das Vaterunser sind als die wichtigsten Grundlagen unseres Glaubens auswendig zu lernen.

Paten
Es ist gut und wichtig, im Glauben nicht allein zu sein, gerade am Anfang. Deshalb gibt es die Gemeinde, aber auch einzelne Christen, die uns im Glauben begleiten. Wir können Ihnen Paten nennen. Auch bei der Taufe von Erwachsenen sind Paten erwünscht. Sie erklären sich bereit, dem Täufling Helfer im Glauben zu sein und ihm mit Rat und Tat zur Seite zu stehen.
Deshalb bitte ich Sie, sich nach entsprechenden Paten umzusehen. Voraussetzung für das Patenamt ist die Konfirmation und die Mitgliedschaft in unserer Kirche.

Gestaltung der Taufe
Es ist schön, wenn der Tauftag liebevoll gestaltet und geplant wird. So gibt es die Möglichkeit, sich am Gottesdienst durch Gebete, Lesungen und Segenswünsche zu beteiligen. Auch die Auswahl der Lieder und des Taufspruches sollte nicht vom Pfarrer allein getroffen werden.

Folgen der Taufe
Aus der Taufe und der damit verbundenen Aufnahme in die Kirche ergeben sich Rechte und Pflichten:
So sind Sie als getaufter Christ berechtigt, das Patenamt zu übernehmen, sich an den Kirchenvorstandswahlen zu beteiligen und kirchliche Amtshandlungen in Anspruch zu nehmen.
Sie sind als Mitglied Ihrer evangelischen Kirchengemeinde auch kirchensteuerpflichtig. Vergessen Sie deshalb bitte nicht, nach der erfolgten Taufe Ihre Lohnsteuerkarte ändern zu lassen.
Die Eintragung Ihrer Konfession in die entsprechenden Unterlagen beim Einwohnermeldeamt wird von unserem Pfarramt aus veranlasst.

Über Ihre Taufe erhalten Sie eine Urkunde. Die Taufe wird in unsere Kirchenbücher eingetragen und am folgenden Sonntag im Gottesdienst unter Fürbitte abgekündigt. Sollten Sie nicht in unserer Gemeinde wohnen, wird Ihr Wohnsitzpfarramt von uns über die Taufe unterrichtet.

Ich freue mich auf die gemeinsame Vorbereitungszeit und die bevorstehende Taufe.

Ihr/e

Vorbereitung von Kasualgesprächen und Kasualgottesdiensten

Trauung
Volkmar Gregori

Liebes Brautpaar!
Sie haben sich entschlossen, Ihren Lebensweg gemeinsam zu gehen und wollen sich nun kirchlich trauen lassen. Darüber freue ich mich.

Vieles schwingt bei diesem Schritt mit:
die Dankbarkeit, dass Sie einander gefunden haben,
der Wunsch, dass Gott Sie auf Ihrem gemeinsamen Weg begleiten möge,
die Hoffnung, dass die Maßstäbe Jesu in Ihrer Ehe zum Tragen kommen,
der Wille, zueinander zu stehen und einander treu zu sein.

Bei der kirchlichen Trauung wird Ihre Ehe im Namen Gottes gesegnet. Gott sagt Ihnen zu, dass er Sie auf Ihrem gemeinsamen Weg begleiten will. Wir werden Gottes Verheißungen für Ihre Ehe hören und auch das, was der Mensch in der Ehe beachten muss, damit er sein Glück nicht verspielt. Ihr Traugottesdienst möchte Ihnen Mut machen, den Weg der Liebe stets neu zu gehen. Es ist jene Liebe, wie wir sie bei Jesus Christus lernen können. Sie nimmt den anderen ohne Bedingung an und steht ihm bei, auch wenn er einen enttäuscht.

Damit Sie sich auf unser Traugespräch und auf den Traugottesdienst vorbereiten können, möchte ich Ihnen in diesem Brief einige Informationen dazu weitergeben.

Traugespräch
Als Termin für unser Traugespräch haben wir vereinbart.......................

Bei diesem Gespräch benötige ich von Ihnen das Datum Ihres Tauftages und das Datum Ihres Konfirmationstages, Ihren Konfirmationsspruch sowie die Anschriften Ihrer Trauzeugen. Besorgen Sie bitte auch einen Abmelde- bzw. Entlassungsschein Ihres Pfarramtes, wenn Sie nicht Gemeindeglied unserer Kirchengemeinde sind.
Im Traugespräch haben wir zunächst die Formalitäten zu erledigen. Dann bitte ich Sie, von sich zu erzählen, schließlich geht es um die inhaltliche Vorbereitung Ihres Traugottesdienstes.

Ordnung des Traugottesdienstes

Eröffnung und Anrufung
Glockengeläut – Begrüßung vor der Kirche – festlicher Einzug unter Orgelspiel – apostolischer Gruß und Einleitung – Lied der Gemeinde – biblisches Eingangsvotum – Eingangsgebet.

Verkündigung und Bekenntnis
Wort an die Eltern – Schriftlesung (M) – Bekenntnis des Brautpaares (M) – Ringwechsel – Gemeindegesang oder Kirchenmusik (M) – Trauansprache.

Fürbitte und Segnung
Stilles Gebet – Vaterunser – Segensgebet – Trausegen (M) – Überreichen der Traubibel oder der Hochzeitskerze – Gemeindelied.

Abendmahl und Sendung
Großes Dankgebet – Sanctus – Einsetzungsworte – Friedensgruß – Austeilung – Dankgebet mit Fürbitten (M) – Liedstrophe – Segen – festlicher Auszug unter Orgelspiel und Glockengeläut.

(M) bedeutet, dass Sie und Ihre Hochzeitsgäste den Gottesdienst mitgestalten können, z. B. bei den Schriftlesungen und Gebeten. Ihr Trauspruch und die Lieder, die gesungen werden sollen, können auch von Ihnen ausgesucht werden. Gerade bei der Feier des Heiligen Abendmahles wird in besonderer Weise erfahrbar, wie Sie untereinander und mit Christus verbunden sind. Ich freue mich, wenn Sie es wünschen, dass in Ihrem Traugottesdienst das Heilige Mahl gefeiert werden soll.

Bekenntnis des Brautpaares
Bitte, entscheiden Sie sich für eine der beiden Formen:
Form A (Frage):
> „N. N., willst du diese N. N., die Gott dir anvertraut, als deine Ehefrau lieben und ehren und die Ehe mit ihr nach Gottes Gebot und Verheißung führen in guten und in bösen Tagen, bis der Tod euch scheidet, so antworte: „Ja, mit Gottes Hilfe."
> (Für die Braut entsprechend)

Form B (Erklärung):
> Die Brautleute wenden sich einander zu, reichen sich die Hand und sprechen nacheinander auswendig oder dem Pfarrer abschnittsweise nach.

„N. N., ich nehme dich als meine Ehefrau aus Gottes Hand. / Ich will dich lieben und achten, / dir vertrauen und treu sein. / Ich will dir helfen und für dich sorgen, / will dir vergeben, wie Gott uns vergibt. / Ich will zusammen mit dir Gott und den Menschen dienen. / Solange wir leben. / Dazu helfe mir Gott. Amen."
(Für die Braut entsprechend)

Blumenschmuck
Wenn Sie es möchten, dass die Kirche bei Ihrem Traugottesdienst einen besonderen Blumenschmuck erhalten soll, können Sie gerne dafür sorgen. Bitte, sprechen Sie das mit unserem/unserer Küster/in ab.

Mit freundlichen Grüßen

Wer liebt, ist geduldig und gütig.
Wer liebt, der ereifert sich nicht,
er prahlt nicht und spielt sich nicht auf.
Wer liebt, der verhält sich nicht taktlos,
er sucht nicht den eigenen Vorteil
und lässt sich nicht zum Zorn erregen.
Wer liebt, der trägt keinem etwas nach;
es freut ihn nicht, wenn einer Fehler macht,
sondern wenn er das Rechte tut.

Wer liebt, der gibt niemals jemand auf,
in allem vertraut er und hofft er für ihn;
alles erträgt er mit großer Geduld.
(Korinther 13, 4-7)

Vorbereitung von Kasualgesprächen und Kasualgottesdiensten

Beerdigung
Volkmar Gregori

Sehr geehrte, liebe Angehörige!
Jemand, der Ihnen nahe steht, ist gestorben. Ich möchte Ihnen meine aufrichtige Anteilnahme bekunden. Sie machen sich Gedanken darüber, was nun zu tun ist. Vieles muss bedacht werden.

Wir werden uns bald zu einem Gespräch treffen. Dieser Brief kann Ihnen schon vorher eine Hilfe sein. Fühlen Sie sich bitte nicht gedrängt, alles durchzulesen. In diesen Tagen kommt ohnehin genug auf Sie zu. Ich werde mir Zeit nehmen für das Gespräch mit Ihnen.

Die Aussegnung
Die Aussegnung ist der Beginn des Trauerweges. Zu Hause ist eine Aufbahrung des/der Verstorbenen bis zu 48 Stunden möglich. Die Familie des/der Verstorbenen, Nachbarn und Freunde versammeln sich am offenen Sarg. Ich lege dem Toten die Hände auf und segne ihn mit dem Zeichen des Kreuzes. Trauer und christliche Hoffnung drücken wir in den Liedern aus, die wir singen, in den Bibeltexten und in den Gebeten, die wir sprechen. Bei der Aussegnung an dem Ort, wo der/die Verstorbene zuletzt lebte, kommen sich Tod und Leben ganz nahe. Dabei wird deutlich erfahrbar, dass es jetzt gilt, loszulassen. Diese Segenshandlung ist deshalb wichtig. Sie ist für die Angehörigen oft hilfreich und tröstend.

Erdbestattung – Feuerbestattung
Die Entscheidung hängt zunächst von dem Willen des/der Verstorbenen ab. Fehlt es an dieser Willensäußerung, so entscheiden Sie über Art und Ort der Bestattung.
Jesus selbst wurde in einem Grab bestattet. Auf dieses Beispiel geht die Erdbestattung bei den Christen zurück. Es ist kirchlicher Brauch, die Erdbestattung beizubehalten. Daneben gibt es heute auch die Einäscherung mit Beisetzung der Urne auf dem Friedhof. Bei keiner dieser beiden Bestattungsformen gibt es Einschränkungen für das kirchliche Handeln.

Die Todesanzeige
Unser christlicher Glaube kommt angesichts eines Trauerfalles auch in öffentlichen Zeichen zum Ausdruck: In der Gestaltung der Todesanzeige, auf den Kranzschleifen, in der Danksagung, bis hin zum Grabmal und zur Pflege des Grabes.

Das Trauergespräch
Dazu besuche ich Sie gerne in Ihrer Wohnung. Wenn es Ihnen aber lieber ist, dann kommen Sie zu mir in mein Amtszimmer im Pfarrhaus.
Bei diesem Gespräch geht es um alles, was Sie jetzt bewegt; um die Frage nach dem Sinn von Leben und Tod – und das ist für mich die Frage nach Gott -, um Ihre Erinnerung und Ihre Trauer, um die Fragen: „Was bleibt?" und „Wie geht es weiter?". Wir werden auch den Gottesdienst zur Bestattung miteinander besprechen.

Es kann Teil Ihrer Trauerarbeit werden, wenn Sie sich auf dieses Gespräch vorbereiten:

Über manchem Leben stand seit der Taufe, der Konfirmation oder der Trauung ein Bibelwort, das bei der Bestattung gleichsam zur Überschrift werden könnte und auch für die Traueranzeige verwendet werden kann.

Wenn Sie es wollen, werde ich auf dieses Lebensleitwort im Gottesdienst zur Bestattung Bezug nehmen. Sie können aber die Auswahl dieses Bibelwortes auch mir überlassen.

Während der Trauerfeier singen wir zwei oder drei Lieder. Bitte stimmen Sie in den Gemeindegesang mit ein. Das gemeinsame Singen verbindet die Menschen. Sie können das Gesangbuch zur Hand nehmen und die Lieder aussuchen. Ich mache Ihnen dazu einige Vorschläge und nenne Ihnen die Nummern möglicher Lieder: 65, 66 85, 115, 152, 171, 209, 295, 320, 329, 331, 347, 361, 365, 369, 376, 380, 391, 406, 407, 450, 473, 477, 481, 482, 516, 521, 525, 526, 529, 532 und 535.
Wenn Sie möchten, wählen Sie andere Lieder, die sich keineswegs nur auf Tod und Trauer beziehen müssen. Bei unserem Gespräch werden Sie mir vom Leben des/der Verstorbenen berichten. Dabei kommt es weniger auf Einzelheiten an als darauf, dass wir herauszufinden versuchen, was für Ihren Angehörigen besonders kennzeichnend war und darauf, was für Sie wichtig ist im Rückblick auf das zu Ende gegangene Leben und wofür Sie dankbar sind. Ich werde versuchen, dies in meiner Ansprache zum Ausdruck zu bringen. Bei der Trauerfeier kann der Lebenslauf ein Bestandteil für sich sein oder in die Ansprache einfließen. Beim Lebenslauf

geht es nicht darum, zu bewerten und zu beurteilen. Stationen des Lebens und die Art des Menschen sollen der Trauergemeinde in Erinnerung gebracht werden. Ich bin Ihnen dankbar, wenn Sie Notizen über das, was Ihnen aus dem Leben des/der Verstorbenen wichtig ist, bereit halten.

Der Gottesdienst zur Bestattung
In der Regel beginnt der Gottesdienst zur Bestattung um... Uhr.
Ihre Trauer ist wichtig. Sie dürfen weinen, auch vor anderen Menschen. Trauer hilft und heilt. Es bringt nichts Gutes, wenn Sie Ihre Trauer nicht zulassen oder Ihre Empfindungen und Gefühle durch Medikamente betäuben. Daraus erwächst möglicherweise eine lange innere Erstarrung. Beim Gottesdienst zur Bestattung soll und darf getrauert werden.
Aber schauen Sie auch danach, welche Gründe es gibt, für das Leben Ihrer/Ihres Verstorbenen dankbar zu sein. Und lassen Sie sich die christliche Botschaft sagen, die Botschaft von Gottes Liebe und davon, dass mit dem Tod keineswegs „alles aus" ist. Gottes Liebe gilt auch jenseits unseres Todes. Jesus Christus sagt uns: „Ich bin die Auferstehung und das Leben. Wer an mich glaubt, der wird leben, auch wenn er stirbt." (Johannesevangelium 11, 25)
In den Gebeten im Trauergottesdienst berühren sich unser Erinnern und Gottes Gedenken. Sie können gerne ein eigenes Gebet formulieren, es in der Trauerfeier selbst sprechen oder es von mir verlesen lassen.
Die biblischen Lesungen eröffnen uns Perspektiven für das, was nach dem Tod kommt. Es gibt verschiedene Ausdrücke dafür, was uns im Glauben zugesagt wird: Leben bei Gott, Heimat im Himmel, Bei-Gott-geborgen-sein, Glück, das nicht mehr vergeht, Seligkeit. Sie brauchen sich keine bangen Gedanken zu machen über die Zeit, die zwischen Tod und Auferstehung liegt. Martin Luther sagt von ihr, dass sie vergehen wird, „wie in einem Nu". Gott ist nicht an unsere Vorstellungen von Raum und Zeit gebunden. Unsere menschliche Sprache und unsere irdischen Bilder können die Ewigkeit Gottes nicht zureichend beschreiben. Ewigkeit ist Zeit ohne Zeit, Ort ohne Raum. Gott wird sein Reich über all unser Vorstellungsvermögen hinaus herrlich vollenden.
Unsere Kirchnerin wird Ihnen nach der Trauerfeier die Kondolenzlisten, die im Vorraum der Kirche ausgelegt waren, und die Trauerkarten, die abgegeben wurden, überreichen. Außerdem erhalten Sie eine Tonkassette mit der Aufnahme des Gottesdienstes zur Bestattung. Das können für Sie wertvolle Erinnerungen werden. Ihnen entstehen dafür keine Kosten. Wenn Sie wollen, können Sie es bestimmen, für welchen Zweck die Kollekte am Ausgang, auch im Sinne des/der Verstorbenen, verwendet werden soll.

Die Blumen, Kränze, Spenden
Blumen und Kränze gelten seit ältesten Zeiten als Zeichen des Lebens. Wir zeigen damit unsere liebende Verbundenheit mit dem Verstorbenen. Wenn Sie anstelle der Ihrem/Ihrer Verstorbenen zugedachten Blumen und Kränze eine Spende für einen besonderen Zweck erbitten, sollten Sie es den Teilnehmern der Trauerfeier schon in der Anzeige bekannt geben.

Zusammensein nach der Trauerfeier
Es ist üblich, dass sich Freunde und Bekannte mit der Familie und den Angehörigen nach der Beisetzungsfeier in einer Gaststätte treffen. Dies ist ein guter Brauch. Der Austausch von Erinnerungen an den Verstorbenen, das gemeinsame Essen und Trinken, das Gespräch untereinander – all das ist hilfreich und tröstend. Es tut gut, wenn man sich im vertrauten Kreis auch Schmerz und
Trauer von der Seele reden kann. Wenn Sie Wert darauf legen und es mir möglich ist, bin ich gerne dabei.

Die Abkündigung
Im Sonntagsgottesdienst nehmen die Besucherinnen und Besucher an Freud und Leid in der Gemeinde teil. Darum kündigen wir jede Bestattung am folgenden Sonntag im Gottesdienst ab und beten für die Verstorbenen und ihre Angehörigen. Zu diesem Gottesdienst sind Sie herzlich eingeladen. Wenn Sie am nächsten Sonntag verhindert sein sollten oder wenn Sie innerlich noch nicht dazu bereit sind, den Namen Ihres Angehörigen öffentlich genannt zu hören, können wir diese „Abdankung" auf einen anderen Sonntag verschieben. Bitte sagen Sie es mir. Darüber hinaus werden die Namen der Verstorbenen am Ewigkeitssonntag (Sonntag vor dem 1. Advent) genannt und auch im Gottesdienst am Altjahresabend verlesen. Zu diesen Gottesdiensten werden Sie jeweils eingeladen.

Die Urnenbeisetzung
Einige Zeit nach dem Trauergottesdienst wird die Urne – meistens im engsten Kreis – beigesetzt. Wenn Sie es wollen, begleite ich Sie dabei und gestalte diese schlichte Feier für Sie mit.

Ich grüße Sie mit dem Satz:
„Ich bin gewiss, dass uns nichts von Gottes Liebe trennen kann, weder das Leben noch der Tod."
Diese Zuversicht möge Ihren Lebensweg hell machen!

TAUFE – JA, ABER…

Taufe – ja, aber...

Gedicht
Reinhard Grebe

Wasser
Wasser, Gleichnis und Abbild des unendlichen Gottes,
Er schuf dich durch sein ewiges Wort.
Er gab dir die Kraft immer neuer Bewegung,
setzte dir Raum über und unter der Erde!
Er lässt dich quellen aus moosgrünen Gründen,
lässt dich ins Tal springen von hohen Bergen;
behäbig ziehst du dahin als silberner Strom,
hurtig und hastend als Bächlein der Wiese.
Gluckernd durchziehst du das Dunkel der Höhle,
tickend als Tropfen vom Stein, Uhr im Herzen der Erde.

Wasser, Gleichnis und Abbild des unendlichen Gottes,
Er schuf dich durch sein ewiges Wort.
Nichts Irdisches kann dich entbehren!
Du feuchtest von unten die Wurzeln des Grüns,
senkst dich von oben in dicken Tropfen,
wenn Fluren und Höhen schmachten vor Hitze.
Als köstlicher Trunk erquickst du Menschen und Tiere,
labst auch alles, was da fliegt und kriecht
über und auf der Erde!

Wasser, Gleichnis und Abbild des unendlichen Gottes,
Er schuf dich durch sein ewiges Wort!
Dein mächtiger Leib, klar und hell,
umspült Mensch und Tier mit reinigendem Bade,
Unrat und Krankheit fliehen vor dir,
denn sie fürchten die läuternde Kraft deiner Woge.
Kraftvoll und froh geht der Mensch, der in dir sich wusch,
jauchzend und schwingend fliegt der Vogel,
der in dir die Federn sich netzte.

Wasser, Gleichnis und Abbild des unendlichen Gottes,
Er schuf dich durch sein ewiges Wort.
Jagt dich die Bewegung der Tiefe
oder peitscht heulender Sturm deine Wogen,
dann kann es der Ewige fügen, dass Bruder des Todes du wirst,
ja, der Tod selbst.
Dann verstummt das Irdische und vergeht
wie damals zu Zeiten der Arche des Noah.
Doch der Wal und die Fische, sie tanzen im Wassergebirge!

Wasser, Gleichnis und Abbild des unendlichen Gottes,
Er schuf dich durch sein ewiges Wort.
Freuen darfst du dich mit anderen Gaben des Schöpfers, denn du warst
es Ihm wert, als Zeichen gesetzt zu werden
auf alle Menschen, die willens sind, Seinem Wort zu folgen:
Zeichen der Sättigung, Zeichen der Reinigung,
Zeichen des Todes, des Lebens, – alles trägst du in dir, Wasser.
Dich hat Er geheiligt, der Ewige, der sich in Christus gezeigt hat:
Im Wasser des Jordans durftest du, Wasser, Zeichen der Taufe sein!
Ja, freuen darfst du dich, Wasser!

Taufe – ja, aber...

Taufformen
Andreas Neeb

Ich stieg den Berg Tabor empor. Auf dem Gipfel bot sich mir eine unerwartete Szene. Rund um die griechisch-orthodoxe Eliaskirche war ein buntes, fröhlich-ausgelassenes Treiben im Gange. Viele Familien hatten sich zum Picknick im Unterholz niedergelassen. Kinder tollten lachend umher.
Die Erklärung für dieses „Volksfest" fand ich schließlich in der Eliaskirche. Denn auch hier herrschte nicht etwa feierliche Stille, sondern eine sehr ausgelassene Stimmung. Eine große Menschentraube war da zu sehen. Es wurde gelacht und geklatscht. Man war fröhlich! Manche stiegen auf Bänke und Stühle, um besser fotografieren zu können.
Plötzlich öffnete sich die Menschentraube und ich konnte sehen, was dort beklatscht, bejubelt und fotografiert wurde: Ich war mitten in einen Taufgottesdienst geraten.
Auf einem wackeligen Tischlein stand eine Plastikwanne, zur Hälfte mit Wasser gefüllt -, sie diente als Taufbecken. Der Geistliche nahm nacheinander die nackten Babies, die ihm gereicht wurden, setzte sie in die Plastikwanne und sprach die Taufformel und einen Segen über jedes Kind.
Damit war die Taufe perfekt.

Eine ungewöhnliche Taufe durfte ich da erleben. Die Erinnerung daran regt mich immer wieder dazu an, über unsere Taufformen nachzudenken. – In welchem Rahmen feiern wir die Taufe? – Welches Argument spricht für oder gegen die eine oder die andere Form der Taufe?

Gewöhnlich feiern wir das Fest der Taufe in der Kirche. Eher selten allerdings im sonntäglichen Hauptgottesdienst. Meist wünschen sich die Taufeltern einen separaten Taufgottesdienst.
Für beide Formen gibt es gute Argumente. Für einen separaten Taufgottesdienst spricht unter anderem:
- Der/die Pfarrer/in kann in Ansprache und Gebeten leichter auf Persönliches eingehen.
- Besondere Musik- und/oder Gestaltungswünsche können leichter berücksichtigt werden.
- Die Beteiligung im Gottesdienst (z. B. Fürbittgebet, Taufkerze, Segen) fällt Angehörigen in einem vertrauten Personenkreis meist leichter.

Für die Taufe im Hauptgottesdienst spricht unter anderem:
- Durch die Beteiligung der Gottesdienstgemeinde wird deutlich, dass die Taufe ein kirchliches, nicht in erster Linie ein familiäres Fest ist.
- Die Gemeinde wird auf ihre Verantwortung gegenüber allen getauften Kindern, ihr „allgemeines Patenamt" hingewiesen.
- Die Taufe wird zur Tauferinnerung für alle Anwesenden.

Eine Taufe kann natürlich auch in Sondergottesdiensten, wie z. B. in Kinder-, Krabbel- oder Familiengottesdiensten ihren Platz finden. Hier steht besonders das Argument der kindgerechten Gestaltungsmöglichkeiten im Vordergrund.

- Gibt es in einer Gemeinde bereits gesonderte Tauferinnerungsgottesdienste, ist das eine Gelegenheit, die Tauferinnerung mit dem Miterleben einer Taufe zu verbinden. Taufe wird so als lebensbegleitendes Sakrament anschaulich.

Durch besondere Lebensumstände entsteht manchmal der Wunsch zur Verbindung der Taufe mit einer anderen kirchlichen Handlung. So ist etwa die Taufe im Konfirmationsgottesdienst möglich. Für eine solche Praxis spricht, dass im Konfirmandenunterricht eine intensive Taufvorbereitung möglich ist. Außerdem kann der Täufling selbst seiner Taufe zustimmen. Allerdings ist die Entscheidungsfreiheit in der Praxis durch die gesellschaftliche Dynamik der Konfirmation erheblich reduziert.

Manchmal wird auch um eine Taufe im Zusammenhang mit einer Trauung gebeten. Hier erhalten die beiden Übergänge – der ins Eheleben und der ins Familie-Sein – eine stimmige geistliche Lebensbegleitung. Allerdings besteht hier auch die Gefahr, dass die eine Handlung die andere überlagert.

- Wie mein Erlebnis auf dem Berg Tabor in Israel und die hier angeführten Beispiele zeigen, sind viele Formen der Taufe möglich. Taufformen sollen in unserer Kirche vielfältig, mitgliederfreundlich und dabei profiliert evangelisch-lutherisch sein.

So sollte bei jedem Taufwunsch über die Form der Taufe genau nachgedacht werden.

Der Wichtigkeit der Taufe als grundlegendem christlichen Sakrament sollte im Gottesdienst auf jeden Fall angemessen Rechnung getragen werden. So ist es hilfreich, sich über die in Ihrer Gemeinde praktizierten Formen zu informieren und sich von Ihrem/Ihrer Ortspfarrer/in im Vorfeld beraten zu lassen. Denn nicht alle möglichen Formen der Taufe sind auch zu empfehlen oder passen in unsere Gemeinden.

Taufe – ja, aber...

Taufe im Neuen Testament
Thomas Schwab

Taufe ist der durch Untertauchen oder Besprengen mit Wasser vollzogene Aufnahmeritus in die christliche Gemeinde. Sie hat ihre unmittelbaren Wurzeln in der Taufe des Johannes (Mk. 1, 2-8). Diese ist „Buß-Taufe zur Vergebung der Sünden" (Mk. 1,8). Auch Jesus hat sich von Johannes taufen lassen (Mk. 1, 9-11) und dabei von Gott den Auftrag zu eigenem Wirken empfangen. Trotzdem spielte die Taufe im Wirken des irdischen Jesus keine Rolle. Angesichts des kommenden Gottesreiches bedurfte es keiner Umkehrtaufe als Vorwegnahme des Gerichts wie bei Johannes, sondern der glaubenden Annahme der Verkündigung Jesu von der Gottesherrschaft und des Eintritts in seine Gemeinschaft (Nachfolge). Um so erstaunlicher ist die Tatsache, dass die Urgemeinde unmittelbar nach Ostern die Taufe wieder aufgenommen hat. Diese Tat ging für sie auf den Befehl des Auferstandenen zurück: „Gehet hin in alle Welt und macht zu Jüngern alle Völker: Tauft sie auf den Namen des Vaters und des Sohnes und des Heiligen Geistes..." (Mt. 20,. 19f.). Neu daran war die Taufe „auf den Namen Jesu Christi" (bzw. dann des dreieinigen Gottes). Das meint, dass Jesus Christus Grund der Taufe ist, aber auch, dass der Täufling in seiner Taufe Jesus Christus übereignet wird. Es geht also um die Unterstellung unter die Macht Jesu. Wer getauft ist, gehört zu ihm, hat Anteil an seiner Gemeinde. Die Taufe tritt nach Ostern also an die Stelle des vorösterlichen Nachfolgerufs. Durch sie erfolgte der Empfang des „Heiligen Geistes".

Als Voraussetzung scheint anfänglich eine einfache Willenserklärung des Täuflings, sich unter die Macht Christi zu stellen genügt zu haben, bevor sich allmählich eine Form der vorbereitenden Unterweisung entwickelte. Dass beim Übertritt ganzer Familien („Häuser" Apg. 16, 33) gelegentlich auch Kleinkinder mit getauft wurden, kann nicht ausgeschlossen werden. Jedenfalls war die Taufe seit den ersten Tagen der Urchristenheit stets ein einmaliger, unwiederholbarer Akt.

Innerhalb des Neuen Testaments erfährt die Taufe eine Reihe von Deutungen, die je verschiedene Aspekte herausarbeiten. Sie schenkt Sündenvergebung (Apg. 22, 16; vgl. 1. Kor. 6, 11) und stellt einen völligen Neubeginn dar (Wieder- oder Neugeburt", Tit. 3, 5; Joh. 3, 3. 5). Sie verbindet den Getauften mit Christus („Versiegelung" 2. Kor. 1, 22; Eph. 1,

13; Offb. 7, 3). Am tiefgehendsten deutet Paulus in Röm. 6 die Taufe als ein „Zusammenwachsen mit der Gestalt des Todes Christi („mit begraben werden mit Christus" Röm. 6, 4): der Getaufte wird hineingestellt in den Wirkungsbereich der im Kreuzestod sich verdichtenden Geschichte Jesu; an ihm vollzieht sich damit ein Macht- und Herrschaftswechsel, so dass er nicht mehr der versklavenden Macht der Sünde, sonder der befreienden Herrschaft Christi untersteht. Insofern ist Taufe im Neuen Testament mehr als ein Aufnahmeritus in die Kirche, sondern wirkungsmächtiges Handeln Gottes am Menschen und als solches Akt seiner Gnade und Liebe.

Taufe – ja, aber...

Luthers Taufverständnis
Reinhard Grebe

Auf einer Seite das Taufverständnis Luthers gänzlich darzustellen, – das würde nicht klappen: Der Reformator hat im Laufe seiner theologischen Tätigkeit Korrekturen in der Lehre über die Taufe vorgenommen. Er hat neue Erkenntnisse dazu getragen und hat nach und nach den Schatz der Heiligen Taufe freigeschaufelt und viel Müll des frühen Mittelalters beiseitegeräumt.

Ich möchte mich deshalb beschränken auf eine kurze Darstellung der Grundgedanken Luthers zur Taufe:
1. Gott gibt sich uns Menschen ganz und gar. Sein überströmendes JA zu einem jeden von erfasst uns wie eine Wasserwoge das dürstende Land. Das JA des lebendigen Gottes ist nicht abhängig von einer Leistung oder von meinem Ja. Das JA Gottes zu mir ist unbedingt und einmalig. Als sein Ebenbild, von IHM geschaffen, bejaht ER mein Leben und schenkt mir überreichen Segen.

2. Als Schöpfer, Jesus Christus und als Heiliger Geist offenbart und gibt sich Gott: Die Schöpfung sollte Gottesgemeinschaft geben. Als dies misslang, kam Gott in Jesus Christus, um eine neue Möglichkeit der Gemeinschaft mit sich zu öffnen; äußerlich gesehen setzt ER die neuen Gaben: Taufe, Evangelium und Abendmahl, innerlich gesehen schenkt ER den lebendigen Glauben (dazu gleich in Punkt 3), In dieser Sicht Luthers stehen Schöpfung und Taufe auf einer Ebene! Seiner Zeit weit voraus, erkennt der Reformator, dass der allmächtige Gott in der Schöpfung gegenwärtig ist wie in der Taufe. Durch SEIN Wort wird aus ganz normalem Wasser der gnadenreiche Brunnquell alle Güter! Gott ist im Wasser und im Wort gegenwärtig. Die Gegenwärtigkeit gießt der lebendige Geist Gottes aus über SEINEN geliebten Menschen. ER ist da, ER muss nicht herbeizelebriert werden, ist nicht abhängig von der Zuteilung oder Zustimmung eines Menschen.

3. Glaube in Verbindung mit der Taufe, – für Luther ist erst einmal die Taufe vom Glauben unabhängig. Er ist innere Gabe, die Taufe äußere Gabe des Geistes Gottes. Da könnte man nun reichlich verunsichert werden und fragen: Was meint Luther eigentlich, wenn er vom Glauben redet?

In der Taufe wie im Glauben geht es um den Weg des Geistes zum Menschen, nicht um den Weg des Menschen zum Geist. Glaube ist der Akt, in dem sich einem Menschen die Gemeinschaft mit Gott auftut, wo er das Hingeben Gottes empfängt. Im Klartext: „Nichts hab ich zu bringen, alles, Herr, bist du!". Genau wie in der Lehre von der Rechtfertigung ist auch hier bei Glaube und Taufe die Gabe Gottes der Auslöser und Motor, nicht mein Bemühen oder meine Anstrengung.

Weil ER es will, darf ich sein Kind sein. Wenn ich sündige oder versage, wird dieser Bund nicht zerstört.

●

●

Taufe – ja, aber...

Glaube und Taufe
Hans Körner

Es ist zwar eine oft so vertretene, dennoch aber eine verhängnisvolle Irrmeinung, dass die Taufe einen Menschen zum Christen macht. Die Taufe ist gemäß dem biblischen Zeugnis auf Glauben bezogen, ohne Glauben nützt die Taufe nichts.
Dabei ist es nebensächlich, ob der Glaube der Taufe vorangeht (wie es bei der Erwachsenentaufe der Fall ist) oder ob der Glaube der Taufe erst folgt (wie bei der Kindertaufe) – ganz gleich: Die Taufe braucht Glauben!

Ganz kurz zur Bedeutung von Taufe: Sie versinnbildlicht da „Ja" Gottes, sein Berufung unter seine Liebe, unter seine Treue (wie es ähnlich bei der Beschneidung im Judentum der Fall ist). Gott legt auf den betreffenden Menschen seine Hand und spricht in etwa über ihm: „Nicht hat euch der Herr angenommen und euch erwählt, weil ihr größer wäret (besser wäret) als alle Völker (als andere Menschen)... sondern weil er euch geliebt hat."
Diese Zusage – einmal gegeben – braucht nicht wiederholt zu werden. Sie bleibt unwiderruflich über einem Menschen bestehen. Sich nochmal taufen zu lassen – das hieße, die Zusage Gottes in Zweifel ziehen.

Aber – und damit kommen wir zum 2. Teil der Taufe: Diese Zusage Gottes muss angenommen werden. Die mir entgegengestreckte Hand Gottes schwebt leer im Raum, wenn ich sie nicht ergreife. Christ werde ich erst, wenn ich auf die in der Taufe gegebene großartige Zusage Gottes mit meinem „Ja" und mit meinem Leben antworte (was mit Glauben gleichzusetzen ist).

Ich las einmal eine Geschichte von einem Mann, der, in bitterer Armut lebend, eine Millionenerbschaft gemacht hatte. Aber das konnte er nicht glauben. Er sagte: Das ist ein böser Scherz. Ich habe keine Verwandten, die mir soviel Geld vermachen würden. Und bevor man ihn überzeugen konnte, war er verhungert.

Diese Geschichte zeigt: Man muss mit einem „Kapital" arbeiten. Ich muss, um leben zu können, täglich davon etwas abheben.
Diesen Vorgang auf die Taufe und damit auf die großartige Liebe Gottes übertragen – das wäre Glaube.

„Wer da glaubt und getauft wird, der wird gerettet werden. Wer aber nicht glaubt, der wird verloren gehen." (Markus 16, 16)

Taufe – ja, aber....

Taufe: ein einmaliges Angebot
Wolfgang Heckel

Die Taufe ist einmalig. Warum eigentlich? Warum nicht eine alljährliche Taufe, oder wenigstens eine zweite?
Eigentlich ist es erstaunlich, wer von der katholischen in die evangelische Kirche übertritt, wird nicht „umgetauft" oder zum zweiten Mal getauft – auch nicht umgekehrt. Selbst wer in einer Sekte getauft wurde, dessen Taufe ist gültig, wenn zwei Voraussetzungen zutreffen (Taufe mit Wasser und auf den Namen des Vaters und des Sohnes und des Heiligen Geistes). Nach evangelischer Lehre kann jeder Mensch nur einmal getauft werden. Warum eigentlich?

Schauen wir einmal, wer bei einer Taufe alles beteiligt ist: Da ist in einem weiteren Sinne die Gemeinde, der Mesner, die Organistin, die Verwandten. Da ist im engeren Sinn der Täufling (dazu bei einem Kind noch Eltern und Paten) und der Pfarrer (oder die Pfarrerin). Wovon hängt nun die Gültigkeit der Taufe ab? Davon, dass der Pfarrer der „richtigen Kirche" angehört? Vom Glauben des Pfarrers? Vom Glauben des Täuflings? Vom Glauben der Eltern oder der Paten? Eigentlich wäre es schlimm, wenn die Gültigkeit meiner Taufe von menschlichen Voraussetzungen abhinge: von meinem Glauben, von dem meiner Eltern, von dem des Pfarrers, der mich getauft hat. Gut, dass die Taufe nicht von alledem abhängt.
In der Taufe handelt Gott. Ihn habe ich bei der Aufzählung der Beteiligten ausgelassen. Dabei ist allein er es, der die Taufe gültig macht. Taufe ist nicht das Werk des Täuflings, der Eltern, der Paten, auch nicht das Werk des Pfarrers oder der Kirche: Taufe ist Gottes Werk. Er nimmt in seine Gemeinde auf, er sagt sein „Ja" zu unserem Leben.
Dieses Versprechen gilt. Es bleibt gültig, auch wenn wir uns von ihm abwenden. Wer aus der Kirche ausgetreten ist, bleibt trotzdem getauft. Beim Wiedereintritt erfolgt keine neue Taufe. Auf Gottes Zusage ist Verlass. Sie gilt. Und sie ist von uns aus nicht zu kündigen. Wer sich ein zweites Mal taufen lässt, zieht diese Zusage Gottes in Zweifel. So, als ob es am Ende doch auf die Reife meines Glaubens ankäme.
Nicht, dass der Glaube unwichtig sei. Er gehört zur Taufe dazu. Aber: der Glaube macht nicht die Taufe, er empfängt sie. Der Theologe Paul Brunner formuliert: „die Taufe darf nicht auf meinem Glauben ruhen, sondern mein Glaube ruht auf der Taufe."

Eine breitere Bewegung, die eine zweite Taufe der „wahrhaft Gläubigen" forderte, entstand in der Reformationszeit. Die Wiedertäufer (sie selbst nannten sich freilich nicht so, denn für sie zählte die erste Taufe ja gar nicht) wurden von Luther hart bekämpft. Er sah in ihrem Handeln einen Angriff auf die biblische Rechtfertigungslehre: dass der Mensch von Gott gerecht gesprochen wird ohne sein Zutun.

Wenn heute Menschen aus unseren Gemeinden eine „richtige" Taufe wollen, steckt dahinter der Wunsch nach Verbindlichkeit, der Wunsch nach einem bewussten seelischen Erlebnis. Hier bestehen durchaus begründete Anfragen an die Taufpraxis unserer Kirche: wo wird deutlich, dass Taufe angelegt ist auf eine Antwort, auf Glauben? Wo können Menschen die Zusage der Liebe Gottes an Seele und Leib erfahren?
Wir brauchen Angebote wie Tauferinnerungsgottesdienste für Kinder und Erwachsene, Gottesdienste, die den Neubeginn des Glaubens feiern. Hier ist noch manches nachzuholen.

Aber: eine zweite Taufe ist unmöglich. Ich denke an das Gleichnis vom verlorenen Sohn (Lukas 15): der Sohn bleibt Sohn, auch als er sich vom Vater lossagt.
Die Taufe begründet unsere Gotteskindschaft. Sie bleibt bestehen, auch wenn sie jahrelang nicht gelebt oder von uns aus gekündigt wird. Bei der Rückkehr wird der Sohn nicht neu adoptiert – es gibt keine zweite Taufe! Aber: es wird gefeiert!

Taufe – ja, aber….

Das „richtige" Taufalter
Volkmar Gregori

Gut, dass die Taufe im Gespräch ist: Taufe und Glaube, Einmaligkeit der Taufe, Taufformen, Taufe im Neuen Testament, Tauferinnerung, Gabe und Aufgabe der Taufe.

Keine Frage: Ein Mensch kann in jedem Alter getauft werden, als Säugling und auch noch auf dem Sterbebett. In unserer Kirche ist die Taufe von Säuglingen die bevorzugte Taufpraxis. Gerade die Säuglingstaufe zeigt, dass das Besondere der Taufe nicht in dem menschlichen Ja des Getauften liegt, sondern in dem Ja Gottes zu dem Menschen. Wir wissen aus eigener Erfahrung, welchen Veränderungen und Einflüssen unser Ja zu Gott ausgesetzt ist, wie wechselhaft es sein kann. Das Ja Gottes zu uns aber ist verlässlich. Es gilt ein für alle Mal.

Die Frage nach dem richtigen Taufalter wird nach der Ordnung des kirchlichen Lebens so beantwortet: „Der frohen Botschaft von Jesus Christus entspricht es, dass christliche Eltern schon ihre Kinder taufen lassen." Dabei ist vorausgesetzt, dass die Kinder christlich erzogen werden und im Raum der Gemeinde zum Glauben hingeführt werden. In unseren Kirchengemeinden, in den evangelischen Kindergärten, im Religionsunterricht bemühen wir uns deshalb sehr, Eltern und Paten bei dieser Aufgabe zu unterstützen.

Im Neuen Testament wird die Taufe von Kleinkindern nicht ausdrücklich erwähnt. Erwachsene ließen sich „mit ihrem ganzen Haus" taufen. Es ist also davon auszugehen, dass dabei auch Säuglinge und Kleinkinder getauft wurden. Vergleichbar ist die Beschneidung im Alten Testament am achten Tag nach der Geburt. Im alten Israel wurden die Neugeborenen dadurch in das Gottesvolk hineingenommen. Im neuen Bund wurde die Taufe zu diesem Bundeszeichen. Beschneidung und Säuglingstaufe machen deutlich, dass Gottes Berufung in die Gemeinschaft mit ihm und in sein Volk dem Glauben vorangeht und der Grund ist, der ihn trägt. Dass die Kinder die Taufgnade empfangen können, zeigt schließlich auch das Evangelium von der Kindersegnung. Jesus spricht Kindern das Reich Gottes zu.

Es gibt aber auch Eltern, die ihre Kinder nicht im Säuglingsalter taufen lassen. Wir sollten die Beweggründe dieser Eltern achten und für die Taufe in unterschiedlichen Altersstufen offen sein. Das deutliche Ja zur Säuglingstaufe und die zur Taufe einladende Gemeinde gehören zusammen. Unser Leben aus der Taufe und unser Vorbild in der Nachfolge Jesu Christi sind die beste Einladung zur Taufe.

Taufe – ja, aber....

Taufvorbereitung
Dirk Acksteiner

„War das eine schöne Taufe!" – ob Sie das im Rückblick auf die Taufe Ihres Kindes oder Ihre eigene Taufe sagen können, hängt nicht zuletzt davon ab, wie die Vorbereitungen gestaltet werden. Beziehen Sie Ihren Pfarrer ruhig frühzeitig in Ihre Überlegungen ein. Von ihm bekommen Sie konkrete Auskunft darüber, welche Gestaltungsmöglichkeiten der Taufe es in Ihrer Gemeinde gibt.

Taufe eines Kindes
In der Regel entscheiden die Eltern, ob und wann ihr Kind getauft werden soll. Im Gespräch mit dem Pfarrer kann dann alles geklärt werden, was Sie über die Taufe wissen möchten und was Ihnen dabei wichtig ist: Was geschieht bei der Taufe eigentlich? Wer soll Pate sein? Welcher Taufspruch (ein Vers aus der Bibel) soll den Lebensweg des Täuflings begleiten? Wie soll die Taufe im Gottesdienst gestaltet werden: Möchten Sie, dass mehr moderne oder traditionelle Lieder gesungen werden? Möchten Sie oder andere sich mit Lesungen oder Gebeten am Gottesdienst beteiligen? Wie ist das mit dem Filmen und Fotografieren?
Auch die Gestaltung des Tauftages vor und nach dem Gottesdienst will bedacht sein: Möchten Sie lieber zu Hause feiern oder in ein Gasthaus gehen? Wen wollen Sie zur Taufe einladen?
Ist Ihr Kind schon im Kindergarten oder in der Schule, ist es sinnvoll, ihm z. B. mit Bildern und Geschichten nahezubringen, was bei der Taufe geschieht. Dass Gott sie liebt, dass sie mit der Taufe zu Gott gehören und keine Macht der Welt daran etwas ändern kann, verstehen Kinder auf ihre Art mindestens ebenso gut wie Erwachsene.
Zwei Fragen begegnen mir im Zusammenhang mit der Taufe immer wieder: Welcher Konfession sollen die Paten angehören? – Mindestens einer der Paten soll evangelisch sein. Wenn sich in Ihrem Verwandten- und Bekanntenkreis aber fast ausschließlich katholische Christen finden, braucht dieses „soll" nicht als „muss" verstanden werden, zumal die Taufe ja von den christlichen Kirchen gegenseitig anerkannt wird.
Können auch Eltern, die beide keiner christlichen Kirche angehören, ihr Kind taufen lassen? – Ja, doch darüber entscheidet im Einzelfall der Kirchenvorstand Ihrer Gemeinde. Den Paten kommt dann in der christlichen Erziehung eine besonders wichtige Rolle zu.

Taufe von Erwachsenen
Jugendliche oder Erwachsene entscheiden selbst, ob sie getauft werden wollen. Vor der Taufe werden sie in die Grundlagen des christlichen Glaubens eingeführt. Bei Erwachsenen kann das in Gesprächen mit dem Pfarrer geschehen. Jugendliche nehmen am Präparanden- und Konfirmandenunterricht teil.
Bei einer Erwachsenentaufe sind Paten nicht notwendig. Gibt es aber Vertreter der Gemeinde, die bereit sind, dem Täufling Helfer im Glauben zu sein und ihm mit Rat und Tat zur Seite zu stehen, so kann dies auch im Gottesdienst zum Ausdruck gebracht werden.
Gerne werden die Vorstellungen des Täuflings zur Gestaltung der Taufe aufgenommen. Sie können Ihren Taufspruch wählen, Lieder aussuchen, Gebete und Lesungen übernehmen – wenn sie das möchten.
Auch hierzu eine häufig gestellte Frage:
Ich bin aus der Kirche ausgetreten und will nun wieder eintreten. Muss ich noch einmal getauft werden? „Nein. Ihre Taufe bleibt auch bei einem Kirchenaustritt gültig. Mit Ihrem Wunsch nach Wiedereintritt wenden Sie sich bitte an das für Sie zuständige Pfarramt. Die Aufnahme in die Kirche wird dann durch Ihre Teilnahme an einem Abendmahlsgottesdienst vollzogen.

Gottes Geschenk
Die Taufe ist Gottes großartiges Geschenk an uns. Sie ist ein Grund zur Freude und zum Feiern. Angst, Anspannung und Unsicherheit sind da fehl am Platz. Mit Blick auf den Taufgottesdienst sind mir deshalb zwei Aspekte wichtig geworden:

Jesus sagt: „Lasst die Kinder zu mir kommen und wehrt ihnen nicht; denn solchen gehört das Reich Gottes" Markus 10, 14. Dieser Einladung Jesu sollten wir durch unsere Meinungen und Vorstellungen nicht im Wege stehen. Und deshalb: Liebe Eltern, wenn Sie Ihr Kind zur Taufe bringen, machen Sie sich bitte keine großen Sorgen, falls es im Gottesdienst etwas lauter und unruhiger zugeht als gewöhnlich. In der Bibel wird von Gott gesagt: „Aus dem Munde von Unmündigen und Säuglingen hast du dir Lob bereitet" Psalm 8,3 / Matthäus 21,16. Daran gilt es zu denken, besonders bei einer Taufe.

Jugendlichen oder Erwachsenen ist es vielleicht peinlich, vor versammelter Gemeinde getauft zu werden. Natürlich braucht die Taufe niemandem peinlich zu sein, aber wenn jemand so empfindet, dann ist das zu respektieren. Der Taufgottesdienst kann auch im kleinen Kreis gefeiert werden.

Grundsätzlich gilt: Wenn Eltern ihr Kind taufen lassen möchten, oder wenn Jugendliche oder Erwachsene sich taufen lassen wollen, dann sollten Gemeinden und Pfarrer Wege finden, dies möglich zu machen. Wenn wir Menschen im Namen des Dreieinigen Gottes taufen, handeln wir im Auftrag Jesu, der uns gesandt hat: „Gehet hin und machet zu Jüngern alle Völker: Taufet sie auf den Namen des Vaters und des Sohnes und des heiligen Geistes und lehret sie halten alles, was ich euch befohlen habe. Und siehe, ich bin bei euch alle Tage bis an der Welt Ende." Matthäus 28, 19-20

Diesem Herrn und seinem Auftrag wollen wir entsprechen!

Taufe – ja, aber….

„Die Taufe ist ein wunderbares Geschenk, das Gott uns macht… Aber wie bei jedem Geschenk ist es unsere Aufgabe, es auszupacken!"

Kathrin Neeb

Die meisten von uns haben wohl als Säugling das Geschenk der Taufe bekommen. Anders als bei anderen Geschenken, die wir im Laufe unseres Lebens erhalten, ist es bei diesem Geschenk aber mit dem einmaligen Bekommen und einem einzigen Auspacken nicht getan – im Gegenteil! Die Taufe ist ein Geschehen, das uns unser Leben lang begleitet, an das wir uns in jeder Phase unseres Lebens erinnern können und sollen. Und in jedem Lebensalter wird uns die Taufe anders begegnen.
Bleiben wir doch noch einen Moment bei dem Bild von dem Geschenk, und stellen wir uns vor, wie das Erinnern, das „Auspacken" der Taufe immer wieder neu geschehen kann:
Dem Kleinkind wird die Taufe, wenn es im Kindergottesdienst seinen Tauftag feiert, vielleicht als ein buntes Päckchen erscheinen, mit Zeichen und Symbolen für die Liebe Gottes verziert. Und an der großen roten Schleife hängt ein Herzchen mit der Aufschrift: „Gott ist bei dir. Er schützt und segnet dich!"
In der Grundschule erkennt das Kind auf dem Geschenkpapier Bilder aus biblischen Geschichten, die es im Religionsunterricht gehört hat. Und es kann schon selbst auf dem Geschenkanhänger lesen: „Du gehörst zu Gott!" Der Konfirmandin und dem Konfirmand gibt das Geschenk manche Rätsel auf, sie schütteln es skeptisch in der Konfirmandenstunde, zweifeln, ob es sich lohnt, es auszupacken. Aber die Worte neben dem schmalen Band geben ihnen neuen Mut: „Zu mir kannst du so kommen, wie du bist!"
Und der Erwachsene schließlich bemerkt vielleicht erstaunt, dass die Zeilen auf dem Kästchen, das in das schlichte Papier geschoben ist, immer wieder etwas Neues sagen. Im Gottesdienst am Tauferinnerungssonntag, dem 6. Sonntag nach Trinitatis, liest er: „Wenn alles unsicher erscheint, mein Geschenk an Dich bleibt!" Als er das Patenamt für die kleine Nichte übernimmt, erkennt er auf seinem eigenen Taufgeschenk die Worte: „Du gehörst mit der Taufe in eine Gemeinschaft hinein!" Und bei der Tauferinnerungsfeier in der Osternacht kann er im Schein der Osterkerze die Zusage erkennen: „Du darfst vertrauen, dass mein Weg

mit dir nicht mit dem Leben auf der Erde endet!" Die Taufe ist ein Geschenk, das Gott uns macht, aber es bleibt unsere lebenslange Aufgabe, es auszupacken.

Taufe – ja, aber....

Die Taufe und unsere „Elternpflichten".
Dirk Grießbach

Unsere Kinder werden auf den Namen des Dreieinigen Gottes getauft: „Im Namen des Vaters, des Sohnes und des Heiligen Geistes." Der Name des Dreieinigen Gottes steht seit der Taufe wie ein positives Vorzeichen vor dem, was wir als Eltern für unsere Kinder tun sollen.

Ich glaube an Gott, den Vater, den allmächtigen, den Schöpfer...
Was heißt das im Blick auf unsere Erziehung? „Jetzt haben Sie dem Schöpfer ein wenig in die Werkstatt geschaut!" so schrieb ein Bekannter zur Geburt unseres Ältesten. Unsere Kinder sind nicht immer so, wie wir sie uns gewünscht haben. Sie sind allesamt Originale aus Gottes Schöpferwerkstatt. Sie haben besondere Gaben und besondere Grenzen von ihrem Schöpfer mitbekommen und sind vor Gott mit ihren Gaben und Grenzen wertgeachtet.
Als Eltern sollen wir die Gaben unserer Kinder fördern und ihnen helfen ihre Grenzen zu bejahen. Um Kinder zu fördern, braucht es Zeit und Bereitschaft. Nehmen wir uns immer wieder genügend Zeit für unsere Kinder! Um Grenzen zu bejahen müssen Kinder von uns Eltern eines wissen: „Du bist wertvoll, auch wenn du an diesem oder jenem Punkt schwach bist."

Ich glaube an Jesus Christus.
Was bedeutet das für unsere Erziehung? In der Tauffrage an die Eltern heißt es: „Größer als unsere Liebe ist die Liebe Christi". Wir können für unsere Kinder nichts Wichtigeres tun als sie mit Jesus, dem Sohn Gottes, unserem Retter und guten Hirten, bekannt machen. Denken wir nur an den Moment, als die Taufkerze angezündet wurde und das Jesuswort vorgelesen wurde: „Ich bin das Licht der Welt, wer mir nachfolgt wird nicht wandeln in der Finsternis, sondern wird das Licht des Lebens haben (Johannes 8, 12). Deswegen heißt es in der Tauffrage: „Darum sollt ihr euer Kind zum Glauben an Jesus Christus hinführen, zum Beten anleiten." Kinder nehmen viel Gutes auf, wenn man ihnen erzählt und vorliest. Es gibt unzählige gute christliche Bücher und Kinderbibeln für verschiedene Altersstufen. Wenn Sie dazu etwas Hilfreiches suchen, fragen Sie ruhig einmal Ihren Pfarrer oder schauen Sie sich um auf einem christlichen Büchertisch.

Wichtig ist ferner, unsere Kinder später einmal zu ermutigen und hinzubringen zum Kindergottesdienst. Auch eine Mutter-Kind-Gruppe, wie es sie in vielen Gemeinden gibt, kann eine erste Hilfe zur christlichen Erziehung sein.

Früh können Eltern einüben mit ihren Kindern zu beten. Z. B.: Abends oder bei Tisch oder morgens, bevor sie das Haus verlassen. Im Gesangbuch unter der Nummer 805 finden sich dazu gute Anregungen. Es ist nicht leicht für junge Eltern, den Gottesdienst zu besuchen, solange die Kinder noch nicht zum Kindergottesdienst kommen können. Versuchen Sieís trotzdem, abwechslungsweise Vater oder Mutter oder mit Unterstützung der Großeltern. Man kann Kindern nur Glauben nahe bringen, wenn der eigene Glaubenstank immer wieder gefüllt wird.

Ich glaube an den Heiligen Geist.
Gottes Geist bewirkt Glauben in einem Menschen. Als Eltern können wir Glauben in unseren Kindern nicht erzwingen. Wir können nur Geburtshelfer sein. Aber wir können Gott bitten, an unseren Kindern zu wirken. Unser Einfluss ist bei unseren Kinder begrenzt. Wir können unsere Kinder nicht überall begleiten. Je älter sie werden, je weniger. Wir müssen sogar einst lernen loszulassen, aber wir können unsere Kinder im Gebet dem Dreieinigen Gott ans Herz legen. Sein Arm reicht weiter als unser Arm.

Taufe – ja, aber....

Die Taufe und die Pflichten des Patenamtes
Dirk Grießbach

Bei der Taufe wird den Paten folgende Frage gestellt:
„Seid ihr bereit, das Patenamt an diesem Kind zu übernehmen, für dieses Kind zu beten, ihm in Notlagen beizustehen und ihm zu helfen, dass es ein lebendiges Glied der Kirche Jesu Christi bleibt, so antwortet: Ja, mit Gottes Hilfe."

Drei Dinge werden hier ausdrücklich benannt:

Für das Kind beten
Auf dem Gebet liegt eine große Verheißung. „Bittet, so wird euch gegeben" (Matthäus 6, 7) „Alle euere Sorgen werft auf IHN, denn ER sorgt für euch!" (1. Petrus 5, 7). Kinder bereiten Sorgen: Krankheiten, schulische Probleme, kritische Zeiten im Elternhaus, die auch die Kinder belasten, negative Einflüsse von außen. Für das Patenkind sich Zeit nehmen zur Fürbitte, das ist ein großes Geschenk. Es ist zwar nicht so augenfällig wie ein teures Patengeschenk zu Weihnachten, aber es ist mindestens genauso kostbar. Im Gebet werden Segensspuren gelegt.
Natürlich kann man auch mit dem Kind beten, wenn man einmal zu Besuch ist. Es ist gut, für das Kind zu erleben: Nicht nur meine Eltern beten mit mir, sondern auch anderen ist es wichtig, mit Gott zu sprechen.

In Notlagen beistehen
Hier geht es neben der Fürbitte auch um ganz praktische Dinge. Eltern brauchen manchmal Entlastung. „Beistand" kann in diesem Fall bedeuten: Babysitten oder das Patenkind in den Ferien zu sich einladen. Dadurch wächst die Beziehung zwischen dem Paten und dem Patenkind. Je älter das Patenkind wird, umso mehr wird es bei einer guten Beziehung auch wagen „sein Herz auszuschütten". Gerade später in der Pubertät kann dann der Pate in mancherlei Fragen raten oder trösten. Es ist wichtig für das Kind, eine Vertrauensperson außerhalb der Familie zu haben. Beziehung wächst indem man sich Zeit nimmt, Zeit für eine Karte, die man dem Patenkind schreibt, Zeit für ein Telefongespräch mit dem Patenkind, Zeit für einen Besuch: Am Tauftag, am Geburtstag, zum Schulbeginn oder einfach sonst. Wir können ihm dadurch auch zeigen: „Ich nehme Anteil an deiner Entwicklung, an deinem Ergehen. Ich stehe dir bei!"

Helfen, dass das Patenkind ein lebendiges Glied der Kirche Jesu Christi bleibt.
Die Taufe ist keine kirchliche Beitrittserklärung. Sie zielt auf Beziehung. Der dreieinige Gott, auf dessen Namen wir getauft sind, will eine lebendige Beziehung zu uns haben.
Zu einer Beziehung gehört das Kennenlernen. Es gibt mittlerweile viel gute christliche Kinderliteratur und auch ausgezeichnete Kinderbibeln, die helfen können, Gott kennenzulernen. Hieraus ergibt sich manch sinnvolles Patengeschenk.
Kinder fragen nach Vorbildern. Sie werden uns beobachten und wahrnehmen, inwieweit wir selbst eine Vertrauensbeziehung zu Gott haben. Patenschaft ist also auch eine Frage an unsere Beziehung zu Gott. Wer als Pate merkt, dass ihm eine Vertrauensbeziehung zu Gott selber noch fehlt, der kann folgendes Gebet sprechen:
„Ich hab versprochen: Ja, mit Gottes Hilfe. Hilf mir, Gott, dass ich dich finde. Ich will ganz neu offen sein für dich!"
Ich weiß von einer Frau, die hat so ähnlich gebetet. Heute ist sie eine bewusste Christin.

TAUFANSPRACHEN MIT NAMEN

Taufansprachen mit Namen

Gedicht
Reinhard Grebe

LEBEN
Leben, was bist du,
Trug, Traum oder Wirklichkeit,
nur Jahre, gezählt?

Leben, was bringst du,
Angst vor Altern, nur Wechsel
von Freude und Leid?

Leben, wer sah dich?
Unnahbar deine Gestalt,
doch spürbar die Kraft!

Leben, wohnst in mir.
Größerer goss dich hinein
in irdische Form!

Leben, unbändig
strömend aus göttlichem Born,
wogend wie Wasser.

Leben, quillst ewig,
nicht nur in hiesiger Zeit,
sondern für immer. „

Leben, begraben?
Du brachst dem Tode den Zwang
der Felsenkammer!

Arimathia:
Morgensonne verkündet
Weg, Wahrheit, Leben!

Taufansprachen mit Namen

Daniel
Wolfgang Heckel

Symbol: Kreuz aus Tesakrepp

Liebe Eltern, liebe Taufgemeinde!
Vor einiger Zeit war ich bei einer Fernsehproduktion zu Gast. Natürlich nur als einer von hundert auf Kommando klatschenden Zuschauern. Es war eine jener Talkshows, von denen es inzwischen Dutzende gibt. Anders als im Leben eines Menschen war schon alles festgelegt: jeder Lacher, jeder Beifall, jeder Satz stand im Drehbuch, die Regieassistentin gab ihre Zeichen, und wir folgten ihr brav.
Interessant war, dass auch der Standpunkt der Moderatorin markiert war: offensichtlich stimmten hier Kamera und Beleuchtung am besten. Nach jeder Werbeunterbrechung kam sie genau auf ihren Standpunkt zurück: ein kleines Kreuz aus Krepppapier, das am Boden aufgeklebt war.

Wenn ich eurem Daniel heute etwas wünschen soll, dann wird es in vielem wohl genau das Gegenteil von dem sein, was ich damals erlebt habe: ich wünsche ihm nicht, dass sein Leben genau nach einem Drehbuch verläuft, das andere erdacht und geschrieben haben. Ich wünsche ihm, dass er sein eigenes Leben entdecken kann.
Ich wünsche ihm nicht, dass er denkt und sagt, was andere ihm in den Mund legen wollen, sondern dass er denken und laut sagen kann, was ihm wirklich entspricht.
Ich wünsche ihm vor allem auch das Rückgrat, den Kommandos der vielen Regieassistentinnen in unserem Leben zu widerstehen. Ich wünsche ihm, dass er sich widersetzt, wenn andere über sein Leben bestimmen wollen.
Eines aber wünsche ich ihm, was ich dort gesehen habe: ich wünsche ihm einen festen Standpunkt. Einen sicheren Punkt, zu dem er immer wieder zurückkehren kann. Einen Punkt, wo er für sein Leben Halt findet. Einen sicheren Ort. Unser Standpunkt als getaufte Christen ist das Kreuz. Hier ist unser Platz.

Daniel, von dem die Bibel berichtet und dessen Name euer Sohn trägt, war solch ein Mensch. Mit Rückgrat, mit einem festen Standpunkt, mit Courage.

Das Buch Daniel im Alten Testament erzählt seine Geschichten, und vielleicht lest ihr es daheim einmal durch.
Einmal, so wird darin erzählt, wird Daniel befohlen, ein Götzenbild anzubeten. Er tut es nicht. Ein andermal wird ihm verboten zu beten. Er tut es trotzdem.
Das wünsche ich eurem Daniel, dass er den Mut hat, Nein zu sagen, wo einer Nein sagen muss. Wenn es zum Beispiel darum geht, sich den Götzen unserer Zeit zu verweigern: den Idolen (Idol heißt eigentlich: Götzenbild) Reichtum, Erfolg, Jugend, Schönheit.
Das wünsche ich eurem Daniel, dass er den Mut hat, Ja zu sagen, wo einer Ja sagen muss: wenn Gott Menschen sucht, die in dieser Welt nach seinem Willen leben.
Das wünsche ich eurem Daniel, dass er später, mit 14 bei seiner Konfirmation, mit 20, vielleicht auch erst mit 60 – wer weiß, Gott hat Geduld – dass er später auf Gottes Ja zu ihm mit einem Ja zu Gott antworten kann.

Denn Gott ist es, der heute bei Daniels Taufe als erster Ja sagt. Er verspricht: Ich bin bei dir. So wie es damals bei Daniel, dem Daniel aus der Bibel, war. Auch als man ihn vor die Löwen warf, ihm Unrecht zufügte. Daniel spürte: gerade jetzt ist Gott auf meiner Seite. Und er hat ihn bewahrt; nicht v o r dem Bösen, aber i m Bösen.

Diese Geschichten von Daniel erzählt die Bibel. Lest sie daheim nach. Ihr begegnet darin einem Menschen, der einen Standpunkt hat, Rückgrat, ein Kreuz, das sich nicht verbiegt und verkrümmt durch die Katzbuckel, die andere vor ihren Götzen machen.

Das Kreuz als Standpunkt.
Der Standpunkt eines Christen ist das Kreuz. Nicht ein Kreuz aus Krepppapier wie bei der Fernsehproduktion, das man nach Sendeschluss wieder entfernt und in den Mülleimer wirft.
Das Kreuz Christi, mit dem Daniel vorhin gezeichnet worden ist, kann kein Mensch mehr entfernen. Nicht einmal er selber. Es bleibt sein Zeichen. Hier am Kreuz, wo Jesus stirbt, beginnt sein Leben.
Und so kehren wir Christen immer wieder zum Kreuz zurück: im Gebet, im Gottesdienst, beim Abendmahl. Dort lassen wir uns Mut zusprechen für unser Leben.
Hier habe ich zwei Streifen Tesakrepp; damit markiere ich ein Kreuz. Neben dem Taufstein. Darauf stellen Sie sich, wenn Sie Daniel nachher über das Taufbecken halten, wenn wir ihn taufen auf den Namen des Gekreuzigten und Auferstandenen. Nehmen sie es mit ihrer Videokamera auf. Nein, das hier ist keine Show. Gott ist es ernst mit seiner Zusage. Hier ist Daniels Platz. Hier hat er seinen Standpunkt. Am Taufstein. Auf dem Kreuz. Amen.

Taufansprachen mit Namen

David
Volkmar Gregori

Liebe Eltern, liebe Paten, liebe Gemeinde!

„So spricht der Herr: Ich bin mit dir." Diese Zusage Gottes an die Menschen ist sehr oft in der Bibel zu finden. Von Mose über David bis hin zu Paulus macht sie Gott immer in entscheidenden Momenten. Es ist das größte Angebot, das der Himmel zu machen hat. Es ist „das höchste der Gefühle", wenn Gott uns seine Gemeinschaft anbietet.
Sie haben heute Grund genug zum Feiern. David ist gesund zur Welt gekommen. Er entwickelt sich prächtig. Die Mutter hat Schwangerschaft und Entbindung unbeschadet überstanden. Grund also genug zum Feiern, zum Fröhlichsein, auch zum Danken. Dass Leben entsteht und wie Leben entsteht, das haben wir nicht in der Hand. Wir stehen staunend dabei. Leben ist ein Wunder Gottes.

Taufe ist also Grund zum Feiern, zum Fröhlichsein und auch zum Danken. Taufe ist noch mehr. Taufe ist die Zusage Gottes an Euer Kind: „Ich bin mit dir. Ich will dich dein Leben lang begleiten."
Sie haben Ihrem Kind den Namen David gegeben. David ist ein „Großer der Bibel". David ist einer, mit dem wir uns gerne vergleichen: Ein strahlender Held, die Herzen der Menschen flogen ihm nur so zu; der Hirtenbub mit einer märchenhaften Karriere; der größte unter den Königen Israels; gerühmt von den Geschichtsschreibern und geliebt von Gott.
In den einsamen Gegenden des judäischen Berglandes hütete er die Schafe und Ziegen seines Vaters. Dabei reiften zwei Eigenschaften in ihm: Mut und Gottvertrauen.

Es ist Krieg zwischen den Philistern und Israel. Der kleine blonde David kommt ins Lager der Israeliten. Er bringt seinen Brüdern Proviant. Dort spürt er den Schrecken, der lähmend auf den Kriegern liegt. Die Philister verfügen über eine Superwaffe: Goliath, ein Riese von gewaltiger Dimension. „Es ist eine Schande, wie dieser Kerl euch verhöhnt! Habt ihr vergessen, dass ihr Gottes Volk seid? Hat nicht der Herr unsere Väter aus Ägypten geführt und sie aus der Hand des Pharao befreit?" David ist empört. Er will selber den Kampf mit dem Philisterriesen aufnehmen. „Ich werde Goliath besiegen!"

Seine älteren Brüder sehen das ganz anders: „Du bist von Sinnen! Du bist nicht gescheit!" Schließlich bringen sie ihn zu König Saul. David erzählt von seinen Kämpfen mit wilden Tieren in der Wüste. Saul lässt sich umstimmen. Mit Stab und Tasche tritt David dem Riesen Goliath gegenüber. Als der ihn sieht, kann er nur höhnisch lachen: „Bin ich denn ein Hund, dass du mit deinem Stecken zu mir kommst?" David: „Du trittst gegen mich an mit Schwert, Spieß und Lanze. Ich aber komme mit dem Beistand des allmächtigen Gottes, des Herrn der Heere Israels. Ich werde dich töten und dir den Kopf abschlagen!" David nahm seine Schleuder, zielte, traf Goliath zwischen den Augen und schlug ihm den Kopf ab. David siegte, weil er auf Gott vertraute, der mit ihm war. Das ist das Geheimnis von Davids Sieg. Davids ganzes Wesen ist ungeteilt auf Gott ausgerichtet.

Später, David war König, bringt er mit 30.000 jungen Kriegern in einem Triumphzug die Bundeslade nach Jerusalem. Sie war das Heiligtum des Volkes Israel. In ihr waren die Gesetzestafeln. Die Philister hatten sie einst geraubt. Nun brachte sie König David zurück. Dies war ein Zeichen dafür, dass der Gott Israels wieder inmitten seines Volkes wohnen konnte. Welch ein Jubel herrschte da auf den Strassen Jerusalems: Pauken, Rasseln, Zimbeln! Die Menge sang und tanzte und der König voran! „Bist du von Sinnen! Warum stellst du dich vor deinen Untertanen so bloß!", fragt ihn seine Frau Michal. „Ich will tanzen vor dem Herrn!", sagt David.

David, ein königlicher Mensch, mit Mut und Gottvertrauen. Er gibt Gott die Ehre gibt und lobt ihn.

Nach und nach wird David zu einem Sehnsuchtsbild der Zukunft. Einen Herrscher aus dem Hause Davids, einen neuen David erwarteten die Israeliten. Rund 1.000 Jahre sollten noch vergehen. Dann erfüllte sich die Sehnsucht Israels in einem Stall in Bethlehem. Dort wird das Jesuskind geboren. Es bekommt den Namen „Immanuel". In unsere Sprache übersetzt; heißt das: „Gott ist mit uns." Durch Jesus wird uns die Verheißung Gottes „Ich bin mit dir" ins Herz geschrieben. „Immanuel" ist das Programm Gottes für seine Leute.

Heute wird Euer David getauft. Gott macht damit auch ihm die Zusage: Ich bin mit dir!. Als Eltern und Paten, als Gemeinde Jesu Christi haben wir den Auftrag, Eurem Kind dabei zu helfen, dass es erkennen und erfahren kann, wer der ist, der sagt: Ich bin mit dir! Gott ist der Architekt und Schöpfer des Universums. Er ist der Lenker alles Geschehens. In Jesus von Nazareth ist er Mensch geworden. In Jesus, dem Christus, hat er den Tod besiegt. Die Kennzeichen unseres Gottes sind Kraft, Weisheit, Herrlichkeit, Liebe. Hinter allem, was geschieht, steht Gottes große Liebe zu seinen Menschen. Es ist etwas Wunderbares, mit ihm zu gehen. Es gibt niemanden auf der Welt, der etwas Besseres anbieten kann.

Liebe Schwestern und Brüder! Ich bitte Sie, dass Ihr Euren David von dem David der Bibel immer wieder erzählt und davon, dass Gott Eurem David heute bei seiner Taufe versprochen hat: Ich bin mit dir! Mögen die Riesen, die sich Eurem David in den Weg stellen, heißen wie sie wollen. Gott ist mit ihm! Amen.

Taufansprache mit Namen

Elisabeth
Hans Körner

„Jesus spricht: Ich bin gekommen, dass sie das Leben und volle Genüge haben sollen." (Johannes 10, 10b)

Liebe Eltern und Paten, liebe Taufgemeinde!
Der heutige Tag ist für Sie ein weiteres wichtiges Ereignis. Überdeutlich wird Ihnen noch einmal das schöne Geschenk bewusst, das Sie bekommen haben. Mit Ihrer „Elisabeth" ist ein großer Wunsch in Erfüllung gegangen. Sie sind darüber sehr dankbar. Der Anblick Ihrer kleinen Tochter erfüllt Sie mit Staunen. Ist doch dieses Kind mehr als ein Zufallsprodukt, mehr als das Ergebnis menschlicher Liebe und Zellteilung. Es ist Leben und damit eines der Wunder dieser Erde – vielleicht sogar das größte.

Solche Momente sind es, die unseren vom Alltagstrott eingeengten Blick weiten. Plötzlich überkommt uns eine Ahnung von der Größe dessen, der letztlich dieses Wunder ermöglichte. Wie groß, wie gewaltig ist er! Mit welch einer unendlichen Phantasie und Vielfalt muss der Schöpfer, muss Gott wohl ausgestattet sein. Ihre Elisabeth – sie ist ein Mensch wie viele andere Menschen auf dieser Welt. Und doch unterscheidet sie sich von den vielen Millionen, die sie umgeben und sich wiederum alle voneinander unterscheiden. Jeder Mensch, auch Ihre Elisabeth, ist unverwechselbar und einmalig. „Du bist ein Gedanke Gottes, ein genialer noch dazu", so heißt es in einem Lied, das zu den „Hits" in unserer Kinderarbeit gehört.

„Elisabeth" haben Sie Ihr Kind genannt. Dieser Name ist die griechische Ableitung des hebräischen „Elischeba",
und das bedeutet: „Mein Gott ist Fülle und Vollkommenheit". Eure Tochter – sie ist ein genialer Gedanke aus der Fülle, aus der Vollkommenheit Gottes.

Jene Fülle Gottes bringt aber nicht nur die Vielfalt des Lebens und seine Erscheinungsformen aus sich hervor. Sie dient darüber hinaus auch noch einem anderen Ziel. Ich will es erklären:
Ihre Elisabeth wird größer werden und eines Tages eine erwachsene, selbständige Person sein. Sie wird – so wie wir – über die natürlichen

Bedürfnisse hinaus Wünsche haben, Hoffnungen hegen, von Sehnsüchten bestimmt werden. Womit wird sie wohl einmal dieses Verlangen, den Hunger ihres Lebens zu sättigen suchen? Wird es ihr genügen, einen guten Beruf, eine Arbeitsstelle, eine Familie, ein Haus, ein Sparguthaben zu besitzen?

Sind wir eigentlich damit schon zufrieden? Wir kennen doch auch dies: Trotz allem äußeren Wohlergehen bohrt da in uns bisweilen eine völlig unergründliche Sehnsucht, das Gefühl innerer Leere, das Verlangen nach.... – ja wonach eigentlich? Nach mehr Konsum? Nach mehr materiellen Gütern?

Der Psychotherapeut Viktor Frankl weist darauf hin, dass die Psychotherapie von heute vor allem mit der existentiellen Unerfülltheit zu tun habe, mit der Sehnsucht nach einem Lebensziel, nach einem Daseinssinn. Gibt es darauf eine Antwort? Meines Erachtens hat der Kirchenvater Augustin eine Antwort gefunden, als er sagte: „Unruhig ist unser Herz in uns solange, bis es Ruhe findet, Gott, in dir." Das heißt doch: Wer zu Gott kommt und ihn in sein Leben einbezieht, der findet Frieden. Sein Lebenshunger, seine oft unbestimmte Sehnsucht wird damit gestillt werden.

Auch darauf will also der Name „Elisabeth" und seine Bedeutung hinweisen: „Mein Gott ist Fülle und Vollkommenheit".

Noch ein Drittes und Letztes:

Auch dies wird Ihre Elisabeth mehr oder weniger schmerzlich erleben – so wie es bei einem jeden von uns ist: Sie wird schuldig werden – an sich selbst, an anderen Menschen, an dieser Welt, an Gott. Menschen werden darunter zu leiden haben, traurig werden, vielleicht sogar darunter verzweifeln. Unter Umständen wird Elisabeth so manches Mal den Kopf über sich selbst schütteln und sich fragen: „Wie konnte ich nur?"

Besonders die Taufe eines Menschen macht aber deutlich: Gott liebt voraussetzungslos. Er nimmt uns an. Er will uns ertragen. Er ist bereit, uns zu vergeben – nicht nur einmal oder zweimal oder höchstens dreimal, sondern immer. Wer zu ihm kommt mit seinen Unmöglichkeiten wird von ihm nicht weggestoßen werden. „Ich will dir vergeben, dir einen neuen Anfang ermöglichen, dir neue Lebensperspektiven eröffnen, zu dir stehen, dich nicht verlassen" – all diese Zusagen beinhaltet das Geschenkpaket, das wir „Taufe" nennen. Gott ist auch hier „Fülle und Vollkommenheit".

„Elisabeth" – dieser Name weist auf all dies hin. Er zeigt, dass es Gott in jeder Hinsicht mit Ihrem Kind und mit uns gut meint.

Der Taufspruch Ihrer Elisabeth soll hierfür eine Bestätigung sein, dass wir große Erwartungen an unseren Gott haben dürfen. Jesus sagt in diesem Taufspruch: „Ich bin gekommen, dass sie das Leben und volle Genüge haben sollen."

Nur eine einzige Bedingung muss erfüllt werden, um immer wieder neue Erfahrungen mit dieser Fülle Gottes zu machen: Zu Jesus kommen, ihn bitten, ihn ins Leben einbeziehen.
Sagen Sie das Ihrer Elisabeth! Ermuntern Sie Ihre Tochter immer wieder dazu, die Bedeutung ihres Namens ernst zu nehmen und ihr Leben entsprechend zu gestalten. Wo das durch Ihre Erziehung gefördert wird, dort helfen Sie Elisabeth zu einem Fundament, auf dem Leben wahrhaft gelingt.
Amen.

Taufansprachen mit Namen

Jan (Johannes)
Dirk Acksteiner

Liebe Eltern, liebe Paten, liebe Gemeinde
– und vor allem, lieber Jan!

Entscheidungen fürs Leben
Wenn Kinder noch so klein sind wie Ihr Jan, dann müssen die Eltern vieles für sie entscheiden, weil die Kinder das noch nicht selbst können: was gibt es zu Essen und zu Trinken, welche Kleidung wird angezogen und welche Windel kommt zum Einsatz? Tausend Dinge gibt es da zu bedenken! Manche davon sind nur für den Moment wichtig, andere behalten ihre Gültigkeit und Bedeutung für das ganze Leben.

So eine Entscheidung für das Leben ist der Name, den Eltern ihrem Kind geben, den Sie Ihrem Jan gegeben haben. Vielleicht haben Sie den Namen einfach nach Ihrem Geschmack ausgesucht: Was gefällt uns? Oder: Was passt zu unserem Nachnamen? Vielleicht haben Sie sich auch an Namen aus Ihrem Verwandten- oder Bekanntenkreis orientiert. Wie auch immer: Jan heißt jetzt Jan, und dabei wird es bleiben. Mit diesem Namen rufen Sie ihn. Mit diesem Namen wird er heute getauft. Mit diesem Namen kennt auch Gott Ihren Jan.

Jan ist ein alter Name, ein biblischer Name. Es ist eine Kurzform des Namens Johannes. „Johannes" bedeutet „Gott ist gnädig". Immer wenn also Jan beim Namen genannt wird, ist das zugleich ein Glaubensbekenntnis: „Gott ist gnädig" wird dann gesagt. Was war das für ein Mensch, dieser Johannes der Bibel, der den gleichen Namen trägt, wie Ihr kleiner Sohn Jan? Das ist gar nicht so einfach zu sagen, denn in der Bibel gibt es gleich mehrere Personen, die so heißen: Johannes der Täufer, der Jünger Johannes und Johannes der Seher – um nur einige zu nennen. Von manchen dieser Personen ist uns nicht viel bekannt. Aber zwei davon will ich Ihnen etwas genauer vorstellen, – mal sehen, wenn Ihr Jan größer wird: vielleicht entdecken Sie ja manche Züge an ihm, die schon seine Namensvetter auszeichneten?!

Der Jünger Johannes
Da ist zunächst einmal der Jünger Johannes. Er wird auch der „Lieblingsjünger Jesu" genannt, was schon zeigt, dass er ein besonderer Mensch gewesen ist, nämlich ein Mann, der den Mut hatte, auch Gefühle zu zeigen. Das ist außergewöhnlich, denn viele Menschen verstehen unter „Männlichkeit" genau das Gegenteil: eben keine Gefühle zu haben oder sie zumindest nicht zu zeigen. „Jungen bzw. Männer weinen nicht!" Oder sie weinen heimlich. Das gilt dann womöglich noch als Zeichen der Stärke.
Aber das ist eine zumindest fragwürdige, wenn nicht gar falsche Einstellung zur Männlichkeit. An dem Jünger Johannes sehen wir, dass auch Männer sensibel sein können, dass auch Männer Gefühle haben können – und dass das durchaus kein Zeichen von Schwäche, sondern von Stärke ist. Der Jünger Johannes schämt sich nicht, beim letzten Abendmahl seinen Kopf an die Brust seines Freundes Jesus zu legen (Joh. 21, 20). Und nur wenige Stunden später ist er (außer einigen Frauen) der einzige von den Jüngern, der den Mut hat, Jesus bis zur Kreuzigung zu begleiten. Alle anderen sind längst geflohen, aus Angst, sie könnten ebenfalls verhaftet und hingerichtet werden. Weil der Jünger Johannes zu seinen Gefühlen steht, hat er die Kraft, auch den Anblick des wehrlosen gekreuzigten Jesus auszuhalten. Unter dem Kreuz wäre jeder Macho und jeder Rambo hilflos zusammengebrochen. Sie hätten nur noch verzweifeln können. Johannes hält durch. Auch in der schwersten Stunde hält Johannes zu Jesus und Jesus zu ihm(Joh. 19, 26).

Johannes, der „Lieblingsjünger Jesu". Der weiche, sensible, gefühlvolle Johannes.

Johannes der Täufer
Johannes der Täufer ist da aus ganz anderem Holze geschnitzt. Er ist ein rauer, ein wilder Geselle. So wie er uns in der Bibel beschrieben wird, könnte man Angst bekommen, wenn man ihm im Dunkeln begegnet. Er ist ein Aussteiger, radikal in seinem Aussehen, in seinem Auftreten und in seinen Ansichten.
Er trägt nicht bequeme, weiche, fließende Kleidung, sondern ein derbes Gewand aus Kamelhaar, das von einem ledernen Gürtel zusammengehalten wird. Er kauft sein Brot nicht beim Bäcker und baut auch kein Gemüse im Garten an. Er ernährt sich von Heuschrecken und dem Honig wilder Bienen. Furchtlos sagt er seine Meinung über die angesehenen Leute im Land: „Ihr Schlangenbrut, wer hat euch gesagt, dass ihr dem bevorstehenden Gericht Gottes entgeht? Zeigt durch euer Leben, dass ihr euch wirklich ändern wollt!" (Mt. 3,4-8)

So ein ungehobelter, rauer Bursche passt kaum in unser Bild vom braven, angepassten Christentum. Aber Jesus scheint diese Wildheit nicht gestört zu haben. Im Gegenteil, Jesus sagt: „Johannes der Täufer ist der Bedeutendste unter allen, die je von einer Frau geboren wurden."(Mt. 11,11) Und umgekehrt weist Johannes hin auf die Bedeutung Jesu, der das Heil für alle Menschen bringt: „Siehe, das ist Gottes Lamm, das der Welt Sünde trägt." (Joh. 1, 29)

Die Identität des Glaubenden unter Gottes Gnade
Johannes der Täufer und der Jünger Johannes – zwei grundverschiedene Menschen, aber doch stehen sie beide in einer besonderen, engen Beziehung zu Gott. Beide haben ihren Weg zu glauben und zu leben gefunden.

Wem wohl Ihr Jan mehr nachgeraten wird, dem wilden Täufer oder dem gefühlvollen Jünger? Irgendwo zwischen diesen beiden Extremen wird er seinen Platz finden. Und wie immer er sich auch entwickeln mag, was immer aus ihm werden wird, eines ist ganz sicher: Heute, bei Janís Taufe, verspricht Gott bei ihm zu sein, ihn zu begleiten auf den Wegen des Lebens. „Gott ist gnädig" – das verkündet Jan mit seinem Namen und das gilt auch für ihn selbst.
Amen.

Taufansprachen mit Namen

Maria
Wolfgang Heckel

Symbol: Maßstab, Kreuz

Liebe Mutter, lieber Vater, liebe Taufgemeinde!
In meiner Hand habe ich einen Maßstab. Mit seiner Hilfe könnten wir jetzt leicht feststellen, wer von uns der oder die Größte ist. Dabei käme heraus, dass Eure Maria, die wir heute taufen, noch die Kleinste von uns ist. Obwohl sie seit ihrer Geburt am............. ja schon einige Zentimeter gewachsen ist. Bis zu ihrer Konfirmation wird sie fast noch einen ganzen Meter wachsen, und bis zu ihrer Hochzeit noch mehr. Wer weiß, wie groß sie sein wird, wenn sie erwachsen ist – 1,60, 1,80m?
Wir vergleichen gerne unsere Kinder mit anderen, und Kinder vergleichen sich selber gerne. In der Schule möchten sie die größten sein – denn die größten haben oft das Sagen. Wir alle möchten im Grunde größer sein als andere, nicht nur körperlich. Wir, wir möchten es im Leben möglichst weit bringen und messen uns und andere danach, was sie zustandebringen. Das ist unser Maßstab.
Mit unseren Kinder aber ist es etwas anderes. Da zählt nicht die Größe: obwohl Maria noch die Kleinste in euerer Familie ist, steht sie unbestritten im Mittelpunkt. Sie bestimmt ja über euren Tagesablauf, euer Leben. Übrigens: man weiß nicht ganz genau, was „Maria" übersetzt heißt. Eine mögliche Erklärung meint, es bedeutet „die Gebieterin". Und ihr lasst euch von ihr gebieten und freut euch manchmal auch noch darüber. Eltern haben eben einen anderen Maßstab: den der Liebe.
Wenn Gott uns Menschen misst, dann benutzt er auch diesen Maßstab: den Maßstab der Liebe. Das wird schon deutlich, wenn er eine Mutter für sein Kind, Jesus Christus, sucht. Keine „bedeutende" Frau wählt er aus, keine Prinzessin, keine „Große" und keine „Gebieterin".
Seine Wahl fällt auf ein unscheinbares Mädchen: Maria. Und dabei nimmt Gott in Kauf, dass sie seinem Sohn nicht einmal ein warmes Zuhause anbieten kann, sondern nur einen armen Stall. Dort schenkt er ihr seinen Sohn – und nimmt ihn ihr wieder, als er gerade mal Dreißig ist. Eigentlich schon früher, denn er geht in seinem Leben Wege, die seine Mutter nicht versteht. Manchmal macht er ihr Schmerzen, aber sie lässt ihn seinen Weg gehen. Das, denke ich, können wir von ihr lernen: unsere Kinder ihren Weg gehen lassen und ihnen trotzdem verbunden bleiben. Sie bleibt

mit Jesus verbunden, trotz mancher schweren Zeit, bis zu seinem Tod am Kreuz. Und sie wird eine der ersten Zeuginnen der Auferstehung, des neuen Lebens, an dem auch sie teilhaben wird. Jesus, dem sie das Leben geschenkt hat, er schenkt ihr das ewige Leben.

Dieses neue, ewige Leben wird auch eurer Maria versprochen, heute bei ihrer Taufe. Jesus tritt in ihr Leben, er begleitet sie und möchte, dass auch sie bei ihm bleibt. Auch wenn der Weg durch manches „Kreuz" hindurchführt. Manchmal wird er ihr vielleicht auch fremd sein, so wie er seiner Mutter Maria manchmal fremd war. Aber mit Gottes Hilfe wird sie ihn immer wieder finden können. Das ist Gottes Wille, dass sie ihn immer wieder im Leben findet und spürt: „Gott hat mich lieb".

Heute, bei der Taufe, sagt Gott: Du bist meine Maria. „Maria" bedeutet vielleicht gar nicht „Gebieterin". Es könnte auch mit „Geliebte" übersetzt werden. Maria: du bist von Gott geliebt. Das wird dir heute zugesprochen. Gott misst Dich mit seinem Maßstab: dem Maßstab der Liebe. Und es ist ihm egal wie viele Zentimeter du nach unserem Maßstab misst. Gottes Maßstab ist die Liebe.

Auch den habe ich euch mitgebracht: den Maßstab, mit dem Gott Maria misst. Damit auch ihr sie messen könnt, wenn es euch einmal schwer fällt, sie zu lieben. Er sieht natürlich etwas anders aus als die Maßstäbe, die wir kennen. Er hat nicht zweihundert Zeichen, so wie dieser, um damit genau zu vergleichen, wer vielleicht ein bisschen größer ist und wer es vielleicht ein bisschen weiter gebracht hat im Leben. Gottes Maßstab der Liebe hat nur ein Zeichen, nein, er ist ein Zeichen: das Kreuz.

Wenn wir jetzt Maria taufen, dann sagen wir ihr damit: Du bist geliebt von Gott; mit einer Liebe, die wir kaum ermessen können.
Amen.

Taufansprachen mit Namen

Michael/Michaela
Volkmar Gregori

Liebe Eltern und Paten von Michael/Michaela!
Liebe Taufgemeinde!

Sie haben Ihrem Kind den Namen „Michael" gegeben. Deshalb möchte ich Ihnen die Geschichte von Michael, dem Erzengel, erzählen:
Ehe Gott die Welt erschuf, hatte er die Engel erschaffen. Sie sollten seine Freunde und Helfer sein. Vier waren die Größten unter ihnen: Raphael, Gabriel, Luzifer und Michael.
Die vier Engel sahen zu, wie Gott die Welt entstehen ließ. Sie freuten sich darüber. Nur Luzifer nicht. Er blickte mit finsteren Augen auf Gottes Werk. „Was hast du?", fragten ihn die anderen. „Ist diese Welt nicht herrlich, wie Gott sie erschaffen hat?" An allem hatte Luzifer etwas auszusetzen. Mit nichts war er zufrieden. Immer murrte er.

Lange ließ ihn Gott gewähren. Gott hatte Geduld mit Luzifer. So wie ein Vater, der auch ein unartiges Kind liebt. Aber Luzifer lachte und schlug alle Warnungen in den Wind. Er hatte nur das eine Ziel. Er wollte mächtiger und größer sein als Gott. „Ich werde dich fortschicken aus meiner Schöpfung, du Unzufriedener. Du willst meine Werke zerstören." kündigte Gott an. Doch Luzifer machte sich nichts daraus: „Gut, schick mich nur fort aus deiner Schöpfung! Du wirst es noch erleben, dass ich stärker bin als du!" Michael wollte nicht mehr länger zusehen und zuhören. Er sprang auf, ein Schwert in der Hand, einen Helm auf dem Kopf und einen Panzer über seiner Brust. So trat er zu Luzifer hin: „Weh dir! Ich will dich strafen für deinen Hochmut."

Doch Gott legte Michael die Hand auf die Schulter: „Warte, mein großer, tapferer Michael. Ich möchte, dass Luzifer noch mein letztes, mein bestes Werk sieht." Gott schuf zuletzt den Menschen. Er nannte den Mann Adam und die Frau Eva. Beide waren sie schön und glücklich, Gottes Ebenbilder. Gott hatte die Erde für sie vorbereitet und einen herrlichen Garten geschaffen. Dieser Garten war das Paradies.
Gabriel, Raphael und Michael jubelten laut vor Freude und Entzücken über das, was Gott geschaffen hatte. Alles war sehr gut.

Nur Luzifer schwieg. Er hatte böse Gedanken und schlüpfte in die Gestalt einer Schlange. So kroch er durch die Wüste, bis hin zu dem Paradiesgarten. Ein Baum war im Garten, von dem die Menschen nicht essen sollten. Luzifer aber riet ihnen: „Esst davon, dann werdet ihr niemals sterben."
Das war eine entsetzliche Lüge. Alle erschraken vor Luzifers Bosheit. Michael, der Große, der Starke, eilte herbei. „Luzifer", schrie er, „was tust du?" Zu spät. Zu spät. Eva hatte den Apfel genommen. Luzifer, die Schlange, hatte ihn ihr angeboten. Eva gab den Apfel Adam. Beide aßen von der verbotenen Frucht.
Da nahm Michael das Schwert. Er schlug Luzifer nieder. Die Schlange bäumte sich auf. Doch Michaels Schwert war scharf und seine Tapferkeit groß. Er kämpfte mit Luzifer. Michael ruhte nicht eher, bis er den Bösen hinabgestoßen hatte, in die ewige Finsternis.

Die Freude im Himmel war groß darüber. Alle Engel kamen herbei auf ausgebreiteten Flügeln und dankten Michael für seine Tat.

Gott sprach zu ihm: „Von nun an bist du der Engel Größter, mein Wächter und mein Lichtheld." Gott gab ihm zum Schwert eine Waage, als Zeichen dafür, dass Michael nun auch der Engel der Gerechtigkeit war.

Liebe Eltern, liebe Paten!
Taufe ist zuallererst Gabe und Geschenk Gottes. Durch die Taufe von Gott gesegnet sein, von Gott angenommen sein, unter Gottes Schutz stehen. Das ist umsonst. Das ist geschenkt, ohne Bedingungen, ohne Wenn und Aber.

Taufe ist sodann Aufgabe und Verpflichtung für Eltern und Paten, für Angehörige und für die ganze Gemeinde.

Sie brauchen keine Angst zu haben, liebe Eltern und Paten, dass diese Aufgabe für Sie zu schwierig wäre. Es sind nicht so sehr die Kenntnisse und Informationen, die Sie Ihrem Kind weitergeben. Viel mehr geht es um Ihren Lebensstil. Daran wird Ihrem Kind deutlich: Meine Eltern erkennen die Autorität Gottes an. Sie gestehen Fehler und Schuld ein. Sie bitten um Vergebung. Ihr Glauben ist kein heuchlerisches Spiel. Sie rechnen mit Gott in ihrem täglichen Leben. Ihr Lebensziel ist nicht Geld, nicht Karriere. Sie brauchen sich den Eintritt in Gottes Reich nicht durch gutes Verhalten verdienen. Sie verlassen sich auf Gott. Deshalb können sie so frei, froh und dankbar leben. Liebe Eltern, das soll an Ihrem Denken und Tun abzulesen sein. Ihr Kind wird Sie sehr aufmerksam beobachten.

Liebe Gemeinde, uns alle geht auch diese Taufe an. In unserer Kirchengemeinde soll Michael lernen, dass Christsein keine Privatsache ist, sondern dass die Kirche für andere da ist.

In unsere Sprache übersetzt, bedeutet Michael „Wer ist wie Gott?" Wenn der Erzengel Michael abgebildet wird, hält er meistens in seiner rechten Hand ein Schwert, eine Lanze oder einen Stab, an dessen Spitze ein Kreuz ist. Das ist ein Hinweis auf den gekreuzigten und auferstandenen Herrn Jesus Christus. Michael – wer ist wie Gott? Jesus Christus ist wie Gott. So lautet die Antwort auf die Frage, die dieser Name stellt. Wer voll Vertrauen auf Christus schaut, dem kann der Böse nichts anhaben.
Es ist das Vertrauen auf Christus, das unser Leben reich und gut macht. Möge Gott Ihnen durch seine Engel beistehen, dass das Leben Ihres Kindes Michael zu einer Antwort wird auf die Frage „Wer ist wie Gott?", indem es hinweist auf Jesus Christus. Amen.

Taufansprachen mit Namen

Paul
Wolfgang Heckel

Gottes Kraft in den Schwachen mächtig

Liebe Eltern, liebe Paten, liebe Taufgemeinde!
In der Schule kursieren seit einiger Zeit Bildchen mit den Fotos großer Männer mit breitem Kreuz. Zur Schau treten sie im Fernsehen aufeinander ein, bis einer gewonnen hat. So möchten unsere Kinder gerne sein: groß, stark, bewundert. Wer will es ihnen verdenken? Im Grunde wünschen wir uns ja auch, dass sie so werden: groß, stark, erfolgreich.
Da ist es natürlich erstaunlich, dass Sie Ihren Sohn ausgerechnet „der Kleine" genannt haben. Vielleicht haben Sie gar nicht genauer nachgedacht, aber Paul heißt: „der Kleine". Nun ist er ja auch noch klein und süß. Aber irgendwann wird euer „Kleiner" ein „Großer".
Ob er dann so wird, wie ihr es vielleicht wünscht, er es sich vielleicht wünscht?

Paulus, der Namensvetter Eures Paul, der Paulus aus der Bibel, hieß eigentlich gar nicht Paulus, sondern Saulus. Saul, so wie der erste König Israels. Ein kleiner König, von seinen Eltern sicher lang ersehnt. Wörtlich heißt Saulus nämlich „der Erbetene". Als Klein-Saulus schließlich größer wurde und in seiner Heimatstadt Tarsus mit den anderen Jungen herumraufte, waren sie vielleicht enttäuscht; sie hatten sich sicher einen großen, starken Jungen gewünscht, der mit allen spielend fertig wird. Saulus aber war klein und schwächlich.
Sie hatten sich sicher einen kerngesunden Buben gewünscht, aber Saulus war kränklich. In dieser Welt der Jungen, Starken, Gesunden war er der geborene Verlierer.
Und doch hat dieser schmächtige, kleine, kränkliche Mann mehr zustande gebracht als irgendein anderer seiner kräftigen, großen, gesunden Zeitgenossen. Schier Unglaubliches hat er geleistet, geistig, aber auch körperlich, was ihm keiner zugetraut hätte. Ein Zwerg, der den Schatten eines Riesen wirft. Ihm verdanken wir unseren Glauben; und in der Geschichte der Kirche gibt es von Christus abgesehen, keine bedeutendere Person als Paulus von Tarsus.
Seltsam, nicht?

Vielleicht, denke ich, ist es gar nicht so wünschenswert, im Leben immer auf der Sonnenseite zu stehen, immer zu gewinnen. Vielleicht wächst man erst in seinen Niederlagen richtig. Es sind nicht die guten, sondern die schlechten Zeiten in meinem Leben gewesen, die mich reifer gemacht haben.
Jetzt würde Paulus, wäre er hier, wohl doch den Kopf schütteln. „Nein, das allein ist es nicht, es war nicht die Fähigkeit, aus Niederlagen das Beste zu machen. Ich war oft wirklich am Ende. Jesus Christus, seine Kraft war es, die mir weitergeholfen hat." So würde er vielleicht sagen.
Jedenfalls, je mehr er mit seinem Latein am Ende war, desto mehr spürte er, dass er in seiner Not nicht alleingelassen war. Je schwächer er war, desto kräftiger war die Kraft Jesu Christi in ihm. Er erkannte: Gott bewahrt uns nicht vor dem Bösen im Leben. Aber er bewahrt uns im Bösen. Wir haben einen Herrn, der uns nicht allein lässt. Wir haben einen Herrn, der am Kreuz gestorben ist. Er kennt Leid und Tod, er reißt nicht aus, wenn's gefährlich wird. Gerade dann lässt er uns spüren, dass er bei uns ist. Gottes Kraft ist in den Schwachen mächtig.
Das wünsche ich zur Taufe euerm Paul: Dass auch er diese Erfahrung macht, die sein großer kleiner Namensvetter aus der Bibel gemacht hat: Gott steht zu seinem Versprechen. Er lässt mich nicht allein, auch wenn es mir schlecht geht.

Zum Schluss möchte ich euch ein Lied vorspielen. Es ist kein Kirchenlied, aber ich höre es immer gerne, wenn es mir schlecht geht. Es erinnert mich an das, was Jesus mir in meiner Taufe versprochen hat und heute auch euerm Paul verspricht.
Übersetzt heißt es etwa so:

Wenn du müd, bist, und ganz klein,
und wenn du Tränen weinst, werd ich bei dir sein.
Ich bin bei dir, ist die Zeit auch hart,
und kein Freund ist zu sehn:
ich geleite dich durch die Fluten,
ich will bei dir stehn.

Amen.

(Simon and Garfunkel: Bridge over troubled water)

Taufansprache mit Namen

Sarah
Wolfgang Heckel

Der Ansprache liegen Motive einer Erzählung von Giovanni Rodari zugrunde: „Die Straße, die nirgends hinführte".

Den Taufspruch hatten die Eltern zum Taufgespräch schon ausgesucht: „Jesus Christus spricht: wer ein solches Kind aufnimmt in meinem Namen, der nimmt mich auf." (Mt. 18, 5)

Liebe Taufeltern, liebe Patinnen, liebe Taufgemeinde!
Die Geschichte, die ich euch erzählen will, beginnt wie ein Märchen. Aber vieles davon wird bestimmt einmal wahr werden, und manches ist bereits wahr geworden. Also:
Es war einmal ein kleines Mädchen. Weil Papa und Mama es besonders lieb hatten, nannten sie es „unsere Prinzessin". In der Sprache der Bibel heißt das „Sarah". Sarah wohnte in einem kleinen Dorf, umgeben von Bergen und Wäldern. Zwei Straßen führten in dieses Dorf, eine ging unten hinein, die andere kam oben wieder heraus. Als Sarah etwas größer geworden war, fragte sie eines Tages beim Abendessen: „Wohin führt eigentlich die dritte Straße?" Mama und Papa schauten sich an, denn sie wussten nichts von einer dritten Straße. „Es gibt doch nur zwei" antworteten sie. So beschloss Sarah selber loszugehen und zu erkunden, wo ihre Straße hinführen würde. Sie nahm ihren Rucksack, packte eine Brotzeit hinein und schlüpfte in die neuen Stiefel, die ihr ihre Patin geschenkt hatte. Dann ging sie los.

Zuerst lief sie an Wiesen und Äckern vorbei, dann kam sie in den Wald. Bald wurde er dichter. Die Zweige über
dem Weg wurden schließlich so dicht, dass kein Sonnenstrahl mehr zu sehen war. Es wurde immer dunkler. Als Sarah den Weg nicht mehr sehen konnte, bekam sie Angst. Sie blieb stehen und setzte sich. Sie wusste nicht mehr weiter. Sie war allein. Tränen kullerten über ihr Gesicht.
Wie viel Zeit mochte vergangen sein, als sie etwas Warmes, Weiches an ihrer Hand spürte. Als sie hinsah, entdeckte sie einen kleinen, struppigen Hund. Er stupste sie an, lief ein Stück und blieb stehen, als wollte er sagen: „Sarah, geh weiter!" „Wo ein Hund ist, ist vielleicht auch ein Haus!" dachte sich Sarah und stand auf. Der kleine Hund lief eine Zeitlang ne-

ben ihr her. Plötzlich war er verschwunden, so plötzlich wie er aufgetaucht war. Aber nun wurde der Wald wieder heller, dann hörte er ganz auf. Sarah stand auf einer weiten, grünen Wiese. Vor ihr war ein hohes eisernes Tor. Es stand sperrangelweit offen. In der Ferne konnte man ein Haus sehen, ein Schloss mit vielen, vielen Fenstern. Alle standen sie offen. Auch die Türe stand offen. Und eine freundliche Stimme schien sie zu begrüßen: „Willkommen, Sarah".
Als sie das Haus betrat, stand sie in einem weiten Flur. Zu beiden Seiten führten Türen in viele Zimmer. In ihnen standen Truhen, die voller Schätze waren: Gold, Silber, edle Steine. Und alles gehörte ihr!

Manches von dieser Geschichte ist wahr geworden, so habe ich euch, liebe Eltern, gesagt. Das große Haus, es könnte unsere Welt sein, in der es so viele Schätze zu entdecken gibt. Am 29. Juli ist eure Sarah bei euch angekommen. Der Weg, den sie gekommen ist, liegt für uns im Dunkel. Er begann vor langer, langer Zeit. Viel mehr als neun Monate liegt der Anfang zurück! Es begann, als Gott sprach: „Lasst uns Menschen machen". Damals beschloss er, dass es einmal eine Sarah Jakob geben soll. Und jetzt ist sie da. Ihr habt sie willkommen geheißen, habt sie aufgenommen in euer Haus. Bei euch wird sie viel Schönes finden. Vielleicht kein Gold; dafür aber Schätze, die viel größer sind: Liebe, Zutrauen, Zärtlichkeit. Das alles werdet ihr eurer Sarah schenken, liebe Melanie, lieber Clemens. So versprecht ihr es, wenn ich euch jetzt frage: „Wollt ihr eure Sarah als Geschenk Gottes annehmen, durch eure Liebe ihr ein Beispiel geben für die Liebe, mit der Gott sie liebt? Wollt ihr Sarah von ihrem Herrn erzählen, mit ihr beten und ihr helfen, einen Platz in der Gemeinde Jesu Christi zu finden, so antwortet: Ja, mit Gottes Hilfe."

Manche Schätze, so habt ihr versprochen, wollt ihr Sarah schenken. Einer der größten ist die Freiheit. Die Freiheit, Fehler machen zu können und hinterher noch genauso geliebt zu sein. Die Freiheit, so zu sein, wie sie ist, und nicht, wie ihr oder andere sie vielleicht wollt. Die Freiheit, den eigenen, den dritten Weg gehen zu können, loszulassen, wenn es an der Zeit ist.
Es gibt einen Weg, der ist nur für Sarah da. Niemand anders kann ihn entdecken. Sie soll diesen Weg gehen. Sie wird ihn auch finden, da bin ich gewiss. Heißt sie doch Sarah Jakob. Sarah, wie die Stammmutter Israels, von der die Bibel erzählt. Eine Frau, die ihren Weg geht. Den Weg, den ihr Gott gezeigt hat. Ein Weg, der oft durch die Wüste führte, aber am Ende auch ans Ziel ihres Lebens.

Und auch Jakob, ihr Enkel, war ein Mensch, der (wie es in der Bibel heißt) „mit Gott wandelte".

Manchmal wird Sarahs Weg auch durchs Dunkel führen, manchmal wird sie sich ganz allein vorkommen, verlassen und hilflos. Dann braucht Gott Menschen, die ihr in seinem Auftrag Mut machen. Wie der kleine Hund in der Geschichte. Menschen, die ihr behutsam helfen, wieder ein kleines Stück weiterzugehen. Solche Menschen könntet beispielsweise ihr Patinnen sein. Deshalb will ich euch jetzt fragen:

„Liebe Anja, liebe Monique, liebe Tina: seid ihr bereit, im Auftrag der Kirche das Patenamt an Sarah zu übernehmen, für sie zu beten, ihr in Notlagen beizustehen und ihr zu helfen, ihren Platz in der Gemeinde Jesu Christi zu finden, so antwortet: Ja, mit Gottes Hilfe!"

Gott segne alles, was ihr für Sarah tut. Er selber, Gott, ist der wichtigste Begleiter in Sarahs Leben. Er allein ist den ganzen Weg bei ihr, vom Anfang bis zum Ziel. Wir können sie immer nur ein Stück begleiten. Er verspricht, auf dem ganzen Weg bei ihr zu bleiben. Im Hellen und im Dunkeln. Er hat beschlossen, dass sie leben soll. Er hat ihr das Leben geschenkt, er erwartet sie am Ende ihres Weges. In dem großen Haus, das offen steht für alle, die glauben und getauft sind und wo Schätze auf uns warten, die wir uns heute gar nicht vorstellen können. Gott will sie mit uns teilen. Was ihm gehört, soll auch uns gehören. Er nimmt uns auf. Er schenkt uns alles, was er selber hat. Sarah ist bei Gott willkommen. Immer. Tag und Nacht. So verspricht er es ihr bei der Taufe. Und deshalb wollen wir jetzt Sarah taufen. Amen.

Taufansprache mit Namen

Sophie/Sophia
Wolfgang Heckel

Gott kennen ist der Anfang der Weisheit
Symbol: Zeugnis

Liebe Eltern, liebe Paten, liebe Taufgemeinde!
Ich habe Euch ein leeres Zeugnisformular mitgebracht. Das erste „richtige" und „offizielle" Zeugnis einer Schule wird Sophie natürlich erst in sechseinhalb Jahren mit nach Hause bringen, aber Ihr könntet ihr natürlich schon jetzt ein Zeugnis ausstellen über alles, was sie schon kann: Papa und Mama auf Trab halten, Opa und Oma anlächeln, mit kräftiger Stimme ihre Meinung sagen (wie man gerade hört).
In solch einem Zeugnis kann man lesen, was Sophie kann – und was sie noch üben und lernen muss, was ihr leicht fällt und wo sie sich (vielleicht vergeblich) anstrengen muss.
Unsere Kinder müssen ja viel mehr lernen als wir. Nicht nur in der Schule. Man merkt das spätestens, wenn man beim Hausaufgabenmachen helfen muss. Ob ich beispielsweise die neuen Rechtschreibregeln begreifen werde, ist fraglich. Und was Computer und ähnliches betrifft, machen mir meine Kinder schon längst etwas vor. Aber auch das ganze Leben ist viel komplizierter geworden. Viel mehr Möglichkeiten als früher locken, und gleichzeitig ist alles viel unübersichtlicher. Fehler werden viel stärker bestraft als früher, wer beispielsweise den falschen Beruf wählt, hat kaum mehr eine Möglichkeit zu korrigieren. Als Vater sehe ich das alles mit Sorgen.
Ob wir unseren Kindern genug mitgeben, um mit dem Leben allein zurechtzukommen? Auf jeden Fall möchte ich ihnen möglichst viel mitgeben von dem, was ich gelernt und erfahren habe.
Sich im Leben zurechtfinden. In der Sprache der Bibel heißt das: Weisheit. Weisheit auf griechisch heißt „Sophia"; ihr habt euer Kind „Weisheit" genannt. Ob euch das bewusst war?
Es ist nicht die Weisheit, die manche Menschen mit dem Löffel gegessen haben, die ich eurer Sophie und allen Kindern wünsche. Solche Weisheit macht überheblich und einsam. Wichtiger als möglichst viel zu wissen ist es, das Richtige, das Wichtige zu wissen. Es gibt unheimlich kluge Leute, die mir trotzdem unendlich leid tun. Und mancher Mensch, den wir als „geistig behindert" belächeln und verspotten, hat vom Wichtigen und Richtigen mehr begriffen als manches Genie.

Natürlich ist es von Vorteil, die allgemeine Relativitätstheorie begriffen zu haben, die Quantenmechanik oder das 3. Keplersche Gesetz. Aber was nützt es einem Menschen, wenn er die ganze Welt begreift, das Wichtigste aber nie kapiert: Ich bin ein Geschöpf Gottes. Gott liebt mich. Das zu wissen, ist das Wichtigste, was wir unseren Kindern fürs Leben mitgeben können:

Ich bin ein Geschöpf Gottes. Er hat mich lieb. Oder wie es die Bibel im Buch der Sprüche formuliert: Gott kennen ist der Anfang der Weisheit.

Was auch immer später in Sophies Zeugnis stehen wird; ob ihr auf sie stolz sein werdet oder von ihr enttäuscht. Immer müsste am Ende der Satz stehen: aber Gott hat sie lieb: „In Mathematik tut sich Sophie noch schwer. Aber Gott hat sie lieb". „Lesen und Schreiben muss Sophie noch üben. Aber Gott hat sie lieb". Das ist eure Aufgabe als Eltern und Paten, unsere als Gemeinde, ihr das immer wieder deutlich zu machen: Gott hat dich lieb. Auch wenn du verzweifelt bist und scheinbar allein, wenn dir dein ganzes Wissen nicht weiterhilft: Gott hat dich lieb. Ob Sophie später so klug wird, wie es ihr Name verspricht, oder nicht. Ob sie eure Erwartungen erfüllt, oder nicht (und welches Kind erfüllt schon die Erwartungen seiner Eltern?) – Gott nimmt sie an.

Das steht sogar in ihrem Zeugnis. Hier ist ihr Taufzeugnis, das ihr in ihr Stammbuch heftet. Die Unterschrift darauf ist zwar meine, und das Siegel ist das unserer Kirchengemeinde. Aber es ist Gott selber, der ihr bestätigt: Du bist getauft. Du bist mein Kind. Du sollst dein Klassenziel erreichen: das ewige Leben. Dazu will ich dir und deinen Eltern helfen. Amen.

Taufansprache mit Namen

Tobias

Dirk Grießbach

Liebe Eltern und Paten, liebe Taufgemeinde,
Ihr Kind, das heute im Namen des dreieinigen Gottes getauft wird, trägt den Namen Tobias. Ein hebräischer, ein jüdischer Name. Auf deutsch übersetzt bedeutet Tobias: Jahwe ist gut. Jahwe, das ist der Name mit dem sich Gott dem Mose und dem ganzen Volk Israel vorgestellt hat. Martin Luther übersetzte in seiner Bibel Jahwe immer mit: Der HERR. Tobias – Jahwe ist gut, der HERR ist gut.

Ich schätze, jeder von uns kennt Menschen von denen er sagen kann: Der war gut zu mir.
Ich kann mich noch lebhaft erinnern an meinen Urgroßvater, den ich als kleines Kind noch für ein paar Jahre genießen konnte. Der war gut zu mir. Er spielte viel mit mir. Hatte viel Zeit für mich, viel Geduld und Güte.
Einer von mehreren Menschen, neben meinen Eltern, die gut zu mir waren im Laufe meines Lebens.

„Tobias" sagt: So jemand ist Gott. Er ist gut zu mir. Er meint es gut mit mir. Ich habe deshalb für Tobias folgenden Taufspruch ausgewählt.
Psalm 106, Vers 1: Danket dem HERRN; denn er ist freundlich, und seine Güte währet ewiglich!
Da wo Luther mit dem Wort freundlich übersetzt, da steht schlicht und einfach: „gut". Danket dem HERRN, denn er ist gut. Tobias – der HERR ist gut.

Ja, das können Sie heute als Eltern von Herzen sagen: „Gott hat uns ein gesundes Kind anvertraut. Er hat Mutter und Kind bei der Geburt bewahrt. Er schenkt uns die bergende Gemeinschaft einer Familie. Ja – der HERR ist gut. Er meint es gut mit uns." Deshalb: Danket dem HERRN, weil er so gut ist zu Euch. Vergesst nicht, ihm zu danken, dass er jeden von Euch als Original gemacht und Euer zerbrechliches Leben bis auf den Tag heute erhalten hat!

Tobias – der HERR ist gut. Davon spricht auch die Taufe. Tobias, dieser Name fasst schlicht und einfach zusammen, worum es in der Taufe geht. Durch die Taufe zeigt uns Gott von klein auf: „Ich meine es gut mit dir!"

Viele Eltern legen bald nach der Geburt eines Kindes ein Sparkonto an für ihren Sprössling oder sie schließen eine Ausbildungsversicherung ab. Sie tun ihrem Kind etwas Gutes, noch bevor es davon etwas erfahren kann. Sie schenken ihm Geld, noch ehe es den Wert des Geldes begreifen kann.
Gott macht es heute genauso mit Tobias, wenn er getauft wird. Gott schenkt ihm in der Taufe den ganzen Reichtum seiner Liebe, noch ehe Tobias davon etwas begreifen kann.

Das Zeichen für den irdischen Reichtum ist das Sparbuch. Das Zeichen für den himmlischen Reichtum ist das Wasser. Wasser ist das Zeichen der Vergebung. Das Wasser der Taufe sagt: Gott beschenkt mich mit dem ganzen Reichtum seiner Vergebung. Was Jesus vor fast 2000 Jahren am Kreuz erkämpft hat, das gilt mir persönlich. Ich darf mit Gott ins Reine kommen. Was immer zwischen mir und Gott steht, will er versenken ins Meer der Vergebung. Dorthin, wo niemand es wieder heraufholen kann.
Wasser ist auch das Zeichen des Lebens. Das Wasser der Taufe sagt mir: Gott beschenkt mich mit einem Leben, das mehr ist als 80 oder 90 Jahre auf dieser Erde. Gott beschenkt mich mit einem Leben, das ewig ist. Gott will mit mir kleinem Menschen für immer und ewig in herzlicher, enger Gemeinschaft verbunden sein. Deswegen wird nachher bei der Taufe sein Name verbunden mit dem Namen des kleinen Tobias.
„Tobias…… ich taufe dich im Namen des Vaters, des Sohnes und des Heiligen Geistes."
Was kann mir im Leben besseres passieren, als für immer und ewig verbunden zu sein mit meinem himmlischen Vater. Welcher Reichtum ist größer als die ewige Geborgenheit bei Gott. Aller Reichtum, alles Gute und Schöne, das Tobias in diesem Leben bekommen oder erwerben oder erarbeiten wird, all das ist nur vorübergehend, ist vergänglich. Deshalb heißt es in unserem Psalmwort: Gottes Güte währt ewig.
Was Tobias heute in der Taufe geschenkt bekommt, hat das Qualitätszeichen ewig.

Tobias – der HERR ist gut. Schon jetzt, noch ehe Tobias etwas davon begreift, schon jetzt lässt ihn Gott in der Taufe spüren: Ich bin gut zu dir, ich meine es von Herzen gut mit dir.

Sie, liebe Eltern, Großeltern und Paten, Sie freuen sich heute an diesem Tag, dass Tobias da ist auf dieser Welt. Sie meinen es gut mit ihm. Bitte vergessen Sie nicht, ihm das eine Gute, das Beste, nicht vorzuenthalten. Bitte haben Sie acht darauf, dass Tobias begreift, was sein Name und seine Taufe ausdrücken: Gott ist gut zu mir. Wir können unseren Kindern nichts besseres tun, als dass sie begreifen und ergreifen, was Gott uns seit unserer Taufe gutgeschrieben hat. Beten Sie mit Tobias. Begleiten Sie ihn später in den Kindergottesdienst. Leben Sie selber mit Jesus Christus.

Es ist leider oft so: Viele Getaufte gehen über diese Erde, ohne je zu begreifen, was da für ein Reichtum für sie bereitliegt. Viele Getaufte gleichen einem Menschen, der ein reiches Guthaben auf seinem Bankkonto liegen hat, dieses aber im Leben nie antastet, sondern in Armut und Dürftigkeit sein Leben fristet.
Wer mit Gott nicht im Reinen ist, der ist arm dran.
Wer bei Gott nicht zuhause ist, der ist arm dran.
Wer bei Gott nicht geborgen ist, der ist arm dran.

Haben wir angenommen was Gott uns überschrieben hat, seit unserer Taufe? Ein Geschenk kann man dankbar annehmen oder verschmähen. Gott zwingt uns nichts auf. Er schenkt. Dann kann er nur warten, sehnsüchtig warten, dass ein Mensch sein Geschenk nicht achtlos liegen lässt, sondern dankbar annimmt. Der Taufspruch von Tobias beginnt deshalb: Dankt dem HERRN, denn er ist gut (oder freundlich). Nehmt es dankbar für euch, was Gott euch Gutes getan hat in Euerer Taufe! Wer Gottes Geschenke links liegen lässt, dem kann Gott nicht helfen, so leid es ihm tut.
Deshalb sagte Jesus einmal – nicht aufdringlich – aber sehr eindringlich: Wer glaubt und getauft wird, der wird gerettet werden. Wer aber nicht glaubt, der wird verdammt werden.

In der Taufe sagt Gott sein großes Ja zu uns. Sehnsüchtig wartet er, dass wir darauf antworten mit unserem Ja. Ja danke, HERR, du bist gut und freundlich zu mir.
Und deine Güte währet ewig.
Ja, danke HERR. Amen.

ANTWORTEN AUF GLAUBENSFRAGEN

Antworten auf Glaubensfragen

Gedicht
Reinhard Grebe

CREDO
Jenseits aller Sternennacht,
hinter Raum und Zeit
bist Du, Höchster, unerdacht,
Herr der Ewigkeit.

Hast geschaffen am Beginn
Welten, groß und klar,
keins der Wesen ohne Sinn,
nichts, was vorher war!

Gabst den Sternen ihre Bahn,
Weg für Sonn und Mond,
fachtest Wasserwolken an,
Du, der nirgends wohnt:

Tanzend, jubelnd, tieferblaut
zieht die Erd empor,
schwelgend hast Du sie erbaut,
zart, wie nie zuvor!

Mensch entstand durch Deine Hand,
Abbild, Echo, Glut;
gabst ihm Willen und Verstand,
dazu Garten gut.

Mensch entzog sich Deinem Ruf,
wollte selber sein
Herr des Herren, der ihn schuf:
Nähe wich, fiel ein!

Blieb ihm Arbeit, Erde, Brot,
Freude, Mühen, Schweiß;
danach holte ihn der Tod,
Zeit mahlt, Kreis um Kreis.

Er verlor Dich aus dem Blick,
Jahr um Jahr verrann;
wollt vielleicht zu Dir zurück,
wäre nicht der Bann!

Heimweh, Trauer überkommt
Dich, den Herrn der Welt,
sinnst, was dem Geschöpfe frommt,
das so taub sich stellt:

Legtest ab das Herrscherkleid,
wurdest, Großer, klein, -
wolltest in die Erdenzeit,
heilen und verzeihn

und zu Deinen Menschen gehn
sichtbar, fassbar, klar,
Hoffnungslosigkeit verstehn.
Neuer Anfang war!

Seit der Nacht, die Christus bracht,
brichst Du uns die Bahn
quer durch Angst und Todesmacht,
fängst neu mit uns an!

Doch die Weisheit dieser Zeit
schüttelt nur ihr Haupt,
schätzt nur, was sie selber weiht,
schmäht den, der Dir glaubt.

Einmal hast Du Dich gezeigt,
Hirte, liebevoll,
hast Dich tief für mich gebeugt,
dass ich leben soll. „

Jenseits aller Sternennacht,
hinter Raum und Zeit
bist Du, Höchster, unerdacht,
Herr der Ewigkeit.

Antworten auf Glaubensfragen

„Wird Gott alles mit sich versöhnen?"
Dirk Grießbach

Worum geht es bei dieser Frage? Es geht um die Auffassung, dass „am Ende" doch noch alle Menschen dem Tod entrissen werden, mit Gott versöhnt werden und der himmlischen Gemeinschaft der Geretteten zugefügt werden. Man nennt dies die Lehre von der „Allversöhnung". Zu den Wegbereitern dieser Lehre gehörte das Ehepaar Petersen (Johann Wilhelm Petersen, 1649-1727, war Dekan in Lüneburg). In dieser Lehre wird nicht geleugnet, dass es ein letztes Gericht Gottes gibt. Aber eine Folge von Entwicklungen und Läuterungen nach dem Tod führen schließlich dazu, dass Gottes Heil allen gilt, ja dass selbst der Teufel zurückgebracht wird in die Gemeinschaft mit Gott. Deswegen nennt man diese Lehre auch die „Wiederbringung aller Dinge".

Wie sollen wir diese Lehre beurteilen? In Kürze möchte ich zwei Antworten geben.
Wurzelboden für die Allversöhnungslehre ist häufig nicht die Auslegung der Heiligen Schrift, sondern ein frommes Harmoniedenken. Weil unser Denken und Fühlen auf Harmonie angelegt ist, ist uns die ewige Trennung in eine Ewigkeit ohne Gott (Hölle) und eine Ewigkeit mit Gott ein quälender Anstoß. Dennoch: ein noch so fromm anmutendes Harmoniebedürfnis kann eine Lehre nicht begründen. Martin Luther hat der evangelischen Christenheit eingeschärft: „Sola Scriptura!" „Die Heilige Schrift allein" ist der Maßstab für alle christliche Lehre. Wenn wir also keinen eindeutigen Beleg aus der Bibel selbst haben, besagen die frömmsten Forderungen nach dem Motto „Gott muss doch..., wird doch..., kann doch nicht!" noch gar nichts. Also: In der Theologie, in der Verkündigung hat das schlichte Bibelwort das Sagen, nichts daneben.

Es gibt wohl Stellen in der Bibel, die in Richtung Allversöhnung zeigen, z. B. Epheser 1, 9-10. Dagegen gibt es im Neuen Testament eine Fülle von Bibelstellen, die von einer endgültigen Verlorenheit sprechen, z. B. Matthäus 25, 41 und Offenbarung 20, 14. Diese Linie der Heiligen Schrift ist wesentlich eindeutiger als die andere Reihe von Bibelstellen, die allversöhnerisch klingen, aber durchaus nicht so verstanden werden müssen.

Im Augsburgischen Bekenntnis, dem grundlegenden Bekenntnis unserer Evangelisch-Lutherischen Kirche fällt die Entscheidung eindeutig für die klarere Linie der Heiligen Schrift. Im Artikel 17 heißt es dort: „Auch wird gelehrt, dass unser Herr Jesus Christus am Jüngsten Tag kommen wird, um zu richten und alle Toten aufzuerwecken, den Gläubigen und Auserwählten ewiges Leben und ewige Freude zu geben, die gottlosen Menschen aber und die Teufel in die Hölle und zur ewigen Strafe verdammen wird. Deshalb werden die verworfen, die lehren, dass die Teufel und die verdammten Menschen nicht ewig Pein und Qual haben werden."

Lieben den festen Grund der Heiligen Schrift unter den Füßen, als ein wackliges Gemisch von frommen Sehnsüchten und einseitig gedeuteten Bibelstellen. In einem Lied von Manfred Siebald heißt es: „Wer im Moor die festen Wege kennt und sie nicht zeigt, der ist schuld daran, wenn andre untergehn." Der feste Weg in die ewige Herrlichkeit ist Jesus Christus (siehe Johannes 14, 6). Ihm will ich folgen. Auf ihn will ich weisen.

Antworten auf Glaubensfragen

Was geschieht mit mir nach dem Tod?
Andreas Neeb

„Ich war in einem langen dunklen Tunnel. An seinem Ende leuchtete ein sehr helles Licht, das mich magisch angezogen hat. Plötzlich aber wurde ich zurückgerufen." – Solche und ähnliche Berichte kennen wir von Menschen, die einmal an der Grenze des Todes gestanden haben.

Für unsere Frage helfen uns diese Berichte aber nicht weiter. Warum? Menschen, die ein Sterbeerlebnis hatten, sind im Leben geblieben. Die entscheidende Grenze des Todes haben sie eben noch nicht überschritten.
Die Medizin weiß heute, dass das Sterben nicht nur einem einzelnen Schritt vergleichbar ist, sondern einem Über-Gang. Vielleicht dem oben beschriebenen Tunnel vergleichbar.
Wer bei diesem Übergang den letzten Schritt gemacht hat, der kehrt nicht in unser Leben zurück – auch nicht mit Hilfe der modernen Medizin.
Der Tod selbst bleibt damit eine Schwelle, die unserem Verstand unüberwindlich ist.

Können wir also gar nichts sagen über das „nach dem Tod"? Doch, denn von Jesus haben wir das Versprechen: „Ich bin die Auferstehung und das Leben. Wer an mich glaubt, der wird leben, auch wenn er stirbt..." (Joh. 11, 25) So viel also können wir sagen: Der Glaube an Jesus Christus schenkt Leben über den Tod hinaus.

Unser Leben ist kein Produkt des Zufalls, sondern das Leben jedes oder jeder Einzelnen ist von Gott gewollt. Gott bestimmt und beansprucht jedes Leben und Zusammensein mit ihm selbst. Unser Tod kann dieses in Beziehungsein mit Gott nicht auflösen.
Wer in seinem Leben glaubt, dass Gott in Gemeinschaft mit uns Menschen sein will, der glaubt auch, dass dieser Gemeinschaftswille Gottes nicht mit unserem Tod endet.

Als Christen glauben wir an die Auferstehung der Toten. Wie aber diese Auferstehung und unser Leben nach dem Tod ausschauen wird, darüber wissen wir nichts. Dieses Wie entzieht sich unserem Verstand und unserer Vorstellungskraft.

Die Bibel spricht nun von der Auferstehung des Leibes (z. B. Römer 8, 11). Damit ist aber nicht gemeint, dass die Toten bis zum Jüngsten Tag in den Gräbern warten und dann in ihrer irdischen Daseinsform wiederhergestellt werden.
Der biblische Begriff „Leib" meint mehr als nur das, was wir Körper nennen. Er schließt auch die Bedeutung „konkrete Person" ein.
Darin liegt die entscheidende Antwort auf die Frage: „Was geschieht mit mir nach meinem Tod?".
So unvorstellbar uns auch das Wie der Auferstehung ist, wir dürfen glauben, dass Gottes Auferweckungstat uns selbst, jeden und jede einzelne von uns in der Identität unserer Person betrifft. Denn Gott weiß um jeden und jede einzelnen von uns; er wendet sich jeder und jedem ganz persönlich zu. Er will alle in seinem Reich bei sich haben.

Was geschieht mit mir nach meinem Tod?

Wir wissen von Jesus nur, dass wer an ihn glaubt, der wird leben, auch wenn er stirbt. Wir wissen, dass Gott jede und jeden einzelnen bei sich in seinem Reich haben möchte. Mehr wissen wir nicht!
Das ist wenig – aber es reicht. Denn der Glaube, das Vertrauen, dass Gott mit uns zusammen sein will, ist entscheidend. Dieses Vertrauen macht uns gewiss: Auch mein Tod wird mich aus der Beziehung zu Gott nicht herausreißen.

Antworten auf Glaubensfragen

Hauptsache gesund?
Volkmar Gregori

Ich gratuliere zum Geburtstag und wünsche Gottes Segen und Gesundheit. „Ja, Gesundheit – das ist die Hauptsache!" – erwidert die 70-jährige. Hat sie recht?

Es gibt sicher keine generell richtige Antwort. Gesundheit ist nicht alles. Sie ist eine Hauptsache von mehreren. Der Mensch besteht aus Leib, Seele und Geist.
Gott will, dass wir „Leben und volles Genügen" haben. Deshalb sollen wir uns um die Gesundheit unseres Körpers sorgen und uns dafür einsetzen, dass Kranke gepflegt, geheilt, begleitet und besucht werden.

Krankheit, die angenommen und im Vertrauen auf Gott getragen wird, kann den Kranken zu innerer Ruhe führen und den Menschen in seiner Umgebung zum Segen werden. Krankheit kann helfen, dass ein Mensch seinen Frieden bei Gott findet. Mediziner sagen, dass dieser Friede und körperliches Heil ganz eng zusammengehören.

Krankheiten sind Schlüssel, die uns Tore öffnen können. Ich glaube, es gibt gewisse Tore, die einzig die Krankheit öffnen kann. Gesundheit erlaubt es uns nicht, alle zu verstehen.

Hauptsache gesund? Es gibt noch andere Hauptsachen im Leben. Die bleiben auch dann, wenn die Gesundheit wegfällt. Der Glaube zum Beispiel oder die Liebe von Menschen und zu Menschen oder das Glücklichsein.

Christus, der sich besonders der Kranken und Schwachen annahm, hat immer sein Augenmerk darauf gerichtet, dass die Menschen, die er heilte, auch innerlich heil wurden. In vielen Fällen kam es ihm sogar hauptsächlich darauf an. Denn wer innerlich heil ist, der wird auch an der schwersten Krankheit, ja sogar am Tod nicht scheitern.

Innerlich heilen kann auch heute nur einer: Christus, der Heiland.

In einem Adventslied singen wir: „Was hast du unterlassen zu meinem Trost und Freud, als Leib und Seele saßen in ihrem größten Leid? Als mir das Reich genommen, da Fried und Freude lacht, da bist du, mein Heil, kommen und hast mich froh gemacht." (EG 11, 3)

Antworten auf Glaubensfragen

„Woher nahm Kain seine Frau?"

Hans Körner

Die Frage nach der Herkunft von Kains Frau wird immer wieder – meist mit einem spöttischen Unterton – gestellt: „Wenn doch Adam und Eva die ersten Menschen gewesen sein sollen – wie kam dann ihr Sohn Kain im Lande Nod (= das Gebiet des heutigen Irak/Iran) zu seiner Frau? Wo kam diese in jenem Land Nod her, wenn es doch außer der Familie von Adam und Eva noch keine anderen Menschen gab?

Da hier nach einer innerbiblischen Begebenheit gefragt wird, möchte ich diese Frage auch aus dem biblischen Zusammenhang beantworten, d. h. wissenschaftliche Betrachtungsweisen bzw. Hypothesen hinsichtlich der Entstehung der Menschheit kann ich hier nicht berücksichtigen!

Was steht eigentlich im 1. Mose 4, 16 und 17?
„So ging Kain hinweg vom Angesicht des Herrn und wohnte im Lande Nod, jenseits von Eden, gegen Osten. Und Kain erkannte seine Frau; die wurde schwanger und gebar Henoch…".

Es heißt in diesem biblischen Text also nicht, dass Kain sich im Lande Nod eine Frau nahm, sondern lediglich, dass er dort mit seiner Frau sexuelle Gemeinschaft hatte (dies bedeutet unter anderem jenes Wort „erkennen" in der hebräischen Sprache) und diese Frau dabei schwanger wurde und dann den Henoch gebar. Das lässt deutlich werden, dass Kain bereits eine Frau hatte, als er ins Land Nod kam („Kain erkannte s e i n e Frau….").

Es b l e i b t dabei aber die Frage, wo er sie dann herbekam, wenn er sie ins Land Nod mitgebracht hat?

Die Bibel deutet in ihren alten Berichten an, dass die Menschen in der ersten Zeit ihrer Existenz älter wurden als heute üblich. Sie berichtet auch, dass Adam und Eva noch mehrere Kinder – Söhne und Töchter – zeugten. Von daher kann man annehmen, dass Kain seine eigene Schwester ehelichte (übrigens: Abraham hat später auch seine Halbschwester Sara geheiratet – 1. Mose 20, 12). Zumindest wird diese innerbiblische Erklärung gedeckt durch den Hinweis des Paulus in seiner Areopagrede in Athen (Abg. 17, 26), wo er darauf hinwies: „Gott hat gemacht, dass aus einem das ganze Geschlecht der Menschen auf der Erde wurde."

Auch wenn das mit Kain und seiner Frau eine inzestuöse Verbindung war – Gott hat es offensichtlich so gewollt. Erst später wurde durch ein Gebot Gottes Inzest verboten!

Zumindest innerbiblisch kann somit der vielbesprochene und vielbespöttelte Widerspruch um Kain und seine Frau leicht gelöst werden, wenn man nur liest, was da steht.

Wie dieses Problem eines Inzests aus dem Blickwinkel der Genetik zu sehen ist, ob dies in der Anfangszeit der Menschheitsgeschichte genauso bedenklich war wie heute – dies zu beantworten habe ich nicht genügend fachliche Kompetenz.

Antworten auf Glaubensfragen

„Warum ist Gott nicht zu sehen?"
Wolfgang Heckel

Es ist ein Stück Papier, das mir diese Frage stellt. Schade, dass nicht zu sehen ist, wer hinter ihr steckt. Ist sie Herausforderung zu einer theologischen Darlegung über das Wesen Gottes, zu dem auch seine Unsichtbarkeit gehört? Ist es also eine Frage an den Theologen?
Oder steckt hinter dieser Frage ein Mensch, der sich in einer persönlichen Krise befindet, der (vielleicht nach dem Tod eines Angehörigen) Gott als fern, unsichtbar, schweigend empfindet – also eine Frage an den Seelsorger?
Ich verstehe die Frage zunächst im ersten Sinn. Allerdings, über das Wesen Gottes lässt sich seit dreitausend Jahren trefflich theologisch streiten, ohne dass man dabei zu einem Ergebnis kommt. Was nützt die Frage, ob es einen Gott gibt oder nicht, wenn dieser Gott in meinem Leben weiter keine Rolle spielt?
Gott ist unsichtbar. Unsere Augen können ihn nicht sehen, unsere Sinne können ihn nicht direkt wahrnehmen. Heißt das gleichzeitig, dass es ihn nicht gibt?
Dazu eine Geschichte von Jürgen von Manger, dem Erfinder und Darsteller des Herrn Tegtmeier, den manche vielleicht noch vom Fernsehen kennen: Tegtmeier ist mit einem akademisch gebildeten Zeitgenossen im Auto unterwegs. Dieser entpuppt sich als ausgesprochener Vertreter der Meinung: „Ich glaube nur an das, was ich sehe." Wenig später gerät der Wagen in eine Radarkontrolle. „Gut", sagt Tegtmeier, „dass Sie nicht an Radarstrahlen glauben". Es ist klar, es gibt Dinge, obwohl wir sie nicht wahrnehmen können. Einen Haken hat allerdings der Vergleich: Radarstrahlen können unsere Augen zwar nicht sehen, aber mittels technischer Hilfsmittel lassen sie sich nachweisen. Mit Gott ist das anders. Auch mit feinsten Meßmethoden wird man ihm nicht auf die Spur kommen. Das ist so, weil alles, was wir wahrnehmen können Teil der Schöpfung ist. Gott aber ist der Schöpfer. Er geht nicht in der Schöpfung auf, ist nicht in Baum oder Naturgewalt gegenwärtig, wie unsere Vorfahren glaubten. Er steht der Schöpfung als Schöpfer immer gegenüber. Was wir von Gott wahrnehmen, ist nur sein Schatten, er selbst bleibt unserer Verfügbarkeit entzogen. Paulus beschreibt dies auf wunderschöne poetische Art im 1. Korintherbrief (Kap. 13): „Wir sehen jetzt durch einen Spiegel ein dunkles Bild;" und er fährt fort: „dann aber von Angesicht zu Angesicht. Jetzt erkenne ich stückweise; dann aber werde ich erkennen, wie ich erkannt bin."

Hier spricht keiner, der sich theoretisch mit der Frage nach Gott beschäftigt. Hier spricht einer, der in seinem Glaubensleben oft genug in Krisen steckte. Er gibt sich damit zufrieden, dass Gott nicht sichtbar ist – vorläufig. Denn er hält daran fest, dass eines Tages Gott aus seiner Unsichtbarkeit hervortritt und die Welt grundlegend verändert. Die Unsichtbarkeit Gottes gehört zur Ordnung dieser Schöpfung, die vergeht (schon deshalb kann Gott kein Teil von ihr sein). Dann aber lässt Gott eine neue Welt entstehen, an der er den Glaubenden Anteil schenkt. Dazu gehört auch das Sehen Gottes „von Angesicht zu Angesicht". Alle Fragen und Zweifel von heute wird er dann auflösen.

Damit bin ich längst bei der zweiten Art, die Frage nach der Sichtbarkeit Gottes zu stellen, bei der Frage: „Warum verbirgt sich Gott?"

Wer sie in einer Krise stellt, der befindet sich in Gesellschaft vieler anderer, von denen die Bibel berichtet. Und auf die Erfahrungen dieser biblischen Leidensgefährten will ich hinweisen: da ist Hiob, der seinen Besitz, seine Familie und seine Gesundheit verliert – und doch an Gott festhält, da ist auch Jesus am Kreuz und sein Schrei: "Warum hast du mich verlassen!" – ein Zitat aus einem Psalm, das er sterbend betet. Es gibt viele Psalmen, die schreien die Frage heraus: „Warum, Gott, bleibst du verborgen?"
„Erhebe dich, Herr!",
„O, dass du die Himmel aufrissest und herabführest!"
Nichts anderes bitten wir im Vaterunser:
„Dein Reich komme".
Zu diesem Reich gehört, dass Gott aus seiner Verborgenheit heraustritt.
Niemand kann Gott sehen – noch nicht.
Aber Gott sieht gnädig auf uns – schon jetzt.

Antworten auf Glaubensfragen

Beten Christen und Moslems zu dem selben Gott?
Dirk Acksteiner

Eine solche Frage scheint nur zwei mögliche Antworten zuzulassen: „Ja" oder „Nein". Von Jesus können wir aber lernen, uns durch diese Fragestellung nicht blind machen zu lassen und in ein gefährliches Schwarz-Weiß-Denken zu verfallen (vergleiche die Antwort Jesu in Joh. 9, 1-3). Im Unterschied zu dem, was man uns in der Schule beigebracht hat, gilt: Es gibt nicht nur falsche Antworten – es gibt auch falsche Fragen! Vielleicht finden wir ja einen „dritten Weg", die oben gestellte Frage zu beantworten?

Zunächst: Im Glaubensbekenntnis sprechen wir von Gott als dem Allmächtigen, dem Schöpfer des Himmels und der Erde. Sollte es dem allmächtigen Gott unmöglich sein, sich auch in anderen Religionen (z. B. dem Islam) zu offenbaren? Wohl kaum. Und so rechnet auch der Apostel Paulus damit, dass Gott bzw. seine Werke für alle Menschen erkennbar sind (Röm. 1, 19f). Allerdings wissen die Menschen nicht so recht, wie die Spuren Gottes in dieser Welt zu deuten sind (Apg. 17, 22ff). Dementsprechend entstellt und verkehrt fällt dann auch ihre Verehrung Gottes aus (Röm. 1, 21ff). Im 1. Kor. 2, 14 bringt es Paulus auf den Punkt: Ohne den Geist Gottes kann kein Mensch Gott erkennen. Ohne den Heiligen Geist kann also niemand an Gott glauben oder zu ihm beten.
Wir halten fest: Das Neue Testament geht davon aus, dass es nur einen Gott gibt. Nach biblischem Verständnis wird man deshalb jedenfalls nicht sagen können: „Christen und Moslems beten zu verschiedenen Göttern."

Dennoch ist es aber nicht egal, ob ich an Gott glaube, wie er sich in Jesus Christus offenbart hat, oder ob ich zu Allah bete, ob ich in die Kirche gehe, oder in die Moschee. Jesus Christus sagt: „Ich bin der Weg, die Wahrheit und das Leben, niemand kommt zum Vater denn durch mich!" (Joh. 14, 6). Wir Christen kennen dieses Wort Jesu. Wir wissen also, wie wir zu Gott kommen, wie wir recht an ihn glauben und zu ihm beten können. Warum sollten wir einen anderen Weg zu Gott suchen, z. B. in einer anderen Religionsgemeinschaft, wenn uns Jesus doch so deutlich vor Augen stellt, wo es lang geht?

Ich will das an einem Beispiel verdeutlichen: Nehmen wir an, Sie wollen mit dem Auto nach München fahren. Dann müssen Sie erst einmal auf die B 85 und dann hinüber auf die A 9. Dort stehen riesige blaue Hinweisschilder: „München" – dreispurige Autobahn, wenn kein Stau ist, sind Sie schnell und zuverlässig am Ziel.

Es kann schon sein, dass auch andere Wege nach München führen. Sie können jederzeit die großen, blauen Hinweisschilder außer Acht lassen und Ihr Glück auf irgendwelchen Nebenstraßen und Feldwegen versuchen. Umwege, Schlaglöcher und Sackgassen werden Sie dabei in Kauf nehmen müssen. Auch gibt es keine so schönen, eindeutigen Schilder für den Fernverkehr. Und ob- und wann! – Sie ans Ziel kommen bleibt fraglich.

Ich für meinen Teil folge lieber den klaren Hinweisen, die uns die Bibel gibt, um zu Gott zu kommen. Jeder der – geleitet von Gottes Geist – diesen Weg gefunden hat, wäre doch dumm, ihn wieder zu verlassen! Und das können wir offen und frei jedem sagen, der uns nach unserem Glauben fragt.

Ich will auf der anderen Seite niemandem, der eine andere Religion hat – „der gerne auf Feldwegen fährt" – seinen Glauben absprechen. Es kann sein (es ist aber nicht sicher), dass auch diese Wege zum Ziel führen. Denn „Gott will, dass allen Menschen geholfen werde" (1. Tim. 2,4). Jesus Christus ist das Licht der Welt (nicht nur das der Christen) und er hat die Sünde der Welt (nicht nur die der Christen) getragen (Joh. 1, 9. 29). Ich kann und will dem allmächtigen Gott nicht vorschreiben, ob er auch andere Wege zum Ziel kommen lässt als den, auf dem ich gehe.

Bevorzugen Sie eine weniger christliche Begründung für diese Haltung? Dann lohnt es sich nachzulesen, was unser Grundgesetz, und in ähnlicher Weise die Verfassungen anderer demokratischer Staaten, zur Religionsfreiheit sagen. Toleranz ist geboten gegenüber den anderen Religionen, auch wenn ich mir noch so sicher bin, auf dem richtigen Weg zu sein. Das schlechte Beispiel totalitärer Gesellschaftssysteme, die es in dieser Sache anders halten, sollten wir uns nicht zum Vorbild nehmen – und gerade so auch unser Christsein bezeugen.

Abschließend ein paar Sätze zum Beten: Es gibt Gebetsanliegen, die betreffen Moslems und Christen und alle anderen Menschen gleichermaßen: Frieden, Gerechtigkeit und die Bewahrung der Schöpfung – um nur einige Schlagworte zu nennen, ohne die ein Leben und ein Überleben auch der kommenden Generation auf diesem Planeten nicht möglich sein wird. Es ist höchste Zeit, dass wir diese gemeinsamen Anliegen der Menschheit nicht länger dadurch blockieren, dass sich Religionen gegeneinander ausspielen. Es ist an der Zeit, dass Christen, Moslems und alle anderen Religionen auch im Gebet nach der Kraft suchen, die Brücken baut und Hände reicht, wo bisher nur tiefe, trennende Gräben zu sehen sind.

Lassen wir uns nicht dadurch entmutigen, dass Fanatiker, die es in jeder menschlichen Gruppierung gibt, diese gemeinsamen Anliegen wegreden, wegbeten und wegbomben wollen. Wo es gelingt, dass sich etwa Christen und Moslems gemeinsam für Frieden, für Gerechtigkeit und für die Bewahrung der Schöpfung einsetzen, da ist das eine Folge des Segens Gottes, der unsere Gebete erhört.
Segen welchen Gottes? Die Bibel kennt nur einen!

Antworten auf Glaubensfragen

Brauche ich die Kirche zum Glauben?
Reinhard Grebe

Eine Frage, die von vielen verschieden beantwortet wird. Die einen lehnen schlichtweg ab, die anderen teilen sie auf und geben dem Glauben den Zuschlag – und eine schweigende Mehrheit hat kein Interesse. – Deshalb sollte man zu Beginn Begriffe klären:
„Die Kirche", das ist nicht irgendein anonymes Institut, eine Behörde oder ein Verein. „Die Kirche", – das sind wir, wir Christen. Kirche, das heißt nichts anderes, als „Gemeinschaft von glaubenden Menschen". – Und da sind wir schon beim zweiten Begriff: Glauben oder Glaube bedeutet nicht „Nicht Wissen", auch wenn diese Plattitüde immer wieder zu Gehör gebracht wird. Glauben heißt: Vertrauen auf Gott, Hingabe an Seine Liebe, Leben als Gabe aus Seiner Hand! Als Vertrauender, Liebender und Denkender kann ich mein Leben vor Gott sinnerfüllt leben und muss keine Sorge entwickeln, irgendwo zu kurz zu kommen.

Hier noch einmal die Ausgangsfrage (jetzt mit den beiden bedeutenden Begriffen): Brauche ich die Gemeinschaft von glaubenden Menschen für mein Vertrauen, meine Hingabe und meinen Dank zu Gott?

May Warden und Freddie Frinton, zwei Schauspieler, glänzten in einem tragikomischen, besser gesagt traurigen Film mit dem kennzeichnenden Titel „Dinner for one". Sie werden den Streifen sicher kennen und haben oft darüber gelacht (z. B. am letzten Silvesterabend!). Dabei ist die Sache tieftraurig: Da feiert eine alte Lady ihren 90. Geburtstag, und der alte Diener, der Butler James, ist genötigt, allein die Rolle der – verstorbenen – Gäste zu übernehmen. Ein Geburtstagsdinner mit großer gedeckter Tafel, daran das Geburtstagskind – allein. Irgendwie pervers, nicht wahr?! Statt Freude und geselligem Frohsinn nur Etikette, Einsamkeit und Alkohol.

Ich denke, dass dieser Vergleich die Beantwortung unserer Frage vorbereitet und auf den Punkt bringt: Menschen, die glauben, leben aus der Gemeinschaft. Menschen, die vertrauen, haben keine Betonwand vor sich, sondern andere Menschen, die dies Vertrauen aufnehmen und daraus leben. Menschen, die sich hingeben, sitzen nicht in einem Spiegelkabinett, wo sie ihr eigenes Spiegelbild zigfach erleben, – nein, die geben sich für andere, für ihre Einsamkeit, für ihre Not, – sie erleben Jesus Christus in anderen! Jesus hat nicht gesagt: Liebe dich selbst, sondern „liebe deinen Nächsten wie dich selbst". Glaube klammert nie andere aus, Glaube wird gelebt und praktiziert in der Gemeinschaft. Glaube an Gott bedingt immer ein Gegenüber im Menschen, in einer Gemeinschaft von Menschen. Ich brauche die Kirche zum Glauben!

Nur gut, dass der Allmächtige und der Erniedrigte, der Unnennbare und der Leidende am Kreuz so viel Liebe für uns empfindet. Er könnte ja auch ein „Dinner for one" anberaumen. Da würden wir ganz schön alt aussehen! Aber, man höre und staune, Er liebt die Gemeinschaft mit uns. Er sendet uns in Seine Gemeinschaft auf Erden und Er bittet uns zu Tisch in Seinem ewigen Reich: „Kommt, es ist alles bereit!" Das große Festmahl, das himmlische Abendmahl! – Dinner for one, – nein danke!

Antworten auf Glaubensfragen

Wie lange dauert ein Schöpfungstag?
Kathrin Neeb

Wie in jedem Jahr, so nehme ich auch dieses Schuljahr in der fünften Klasse wieder das Thema: „Die Erschaffung der Welt" durch. Wir lesen gemeinsam den Schöpfungsbericht in der Bibel.
Sicher erinnern Sie sich: Wie Gott unsere Welt in sechs Tagen ins Leben rief, wird berichtet. Und die Beschreibung eines Schöpfungstages endet mit den Worten: „Und Gott sah, dass es gut war. Da ward aus Abend und Morgen der erste (oder zweite, dritte….) Tag"
Spätestens an dieser Stelle regt sich Widerspruch in der Schulklasse. Ein Schüler meldet sich: „Aber in Erdkunde haben wir was anderes gelernt. Vom Urknall und so. Und dass sich dann die Tiere entwickelt haben, aus Einzellern im Wasser. Und zum Schluss der Mensch; der stammt vom Affen ab! Das hat viele Millionen Jahre gedauert – keine sechs Tage!"
Die Bibel ist von der modernen Wissenschaft längst überholt! – Nicht nur die Schülerinnen und Schüler verstehen die Geschichte von der Erschaffung der Welt durch Gott nicht mehr. Auch für die meisten Erwachsenen ist sie höchstens noch eine fromme Legende – ganz hübsch, aber völlig veraltet.
Und tatsächlich hat uns die neuzeitliche Wissenschaft bewiesen, dass es so, wie die Bibel berichtet, nicht gewesen sein kann.
Oder?
Lassen Sie sich doch einmal auf das Experiment ein, die Erkenntnisse der modernen Wissenschaft ebenso kritisch und zweifelnd zu befragen, wie die Einsichten der Bibel.

Stellen Sie sich mit mir die Fragen, die ich auch den Schülerinnen und Schülern stelle!
Die erste Frage: Welche Beweise hat die Wissenschaft für ihre Theorie über die Entstehung der Welt?
Es gibt viele Funde, Berechnungen und Untersuchungen, die auf diese Theorien vom Urknall und der Evolution hindeuten. Viele! Und doch bleiben auch diese Erklärungsmodelle „Theorien". Das heißt: Es sind Vorstellungen, die sich gebildete Menschen von der Entstehung der Welt machen; Vorstellungen, die viel Wahrscheinlichkeit für sich haben, aber auch Fragen offen lassen.

Wie zum Beispiel meine zweite Frage: Was kam vor dem Urknall? Woher kam die Materie, die sich da zusammenballte?
Die moderne Forschung hat bis heute keine Antwort auf diese Fragen gefunden.
Und so komme ich zur dritten und letzten Frage: Wozu sind die Welt und in ihr wir Menschen entstanden?
Auch auf diese Frage gibt die moderne Wissenschaft keine Antwort. Vielleicht, weil sie die Frage nach dem Sinn unseres Daseins kaum interessiert. Und dabei ist das doch die entscheidende Frage, die Menschen durch die Jahrtausende hindurch immer bewegt hat!

- Auf viele Fragen hat die neuzeitliche Forschung also einleuchtende Antworten. Auf einige, auf die entscheidenden Fragen aber kann sie nicht antworten,.

Sehen Sie darum mit mir noch einmal auf den – eben als veraltet beiseite geschobenen – Schöpfungsbericht. Sie werden mit Erstaunen feststellen: Auf genau diese offenen Fragen gibt er Antwort:
Die Bibel spiegelt die Erfahrungen und Vorstellungen wieder, die sich vor vielen tausend Jahren gebildete Menschen von der Erschaffung der Welt gemacht haben wie bei den modernen „Theorien" auch. Und viele ihrer Vorstellungen haben einige Wahrscheinlichkeit für sich:
Vergleichen Sie einmal die Reihenfolge der Erschaffung der Pflanzen und Tiere nach der Bibel mit den Erkenntnissen der modernen Evolutionstheorie – Sie werden erstaunliche Ähnlichkeiten feststellen!
Manches leuchtet uns heute allerdings nicht mehr so ein. Etwa, dass die Entstehung der Welt nur eine Woche gedauert haben sollte. Aber: Hat Gott nicht auch die Zeit erschaffen? Und sind bei ihm, wie es im 90. Psalm heißt, nicht „tausend Jahre wie der Tag, der gestern vergangen ist"? Mit unseren begrenzten menschlichen Zeitvorstellungen werden wir die Entstehung der Welt also kaum wirklich erfassen. – Das meint übrigens auch die moderne Wissenschaft.

- Auf unsere zweite und die dritte Frage gibt der biblische Schöpfungsbericht allerdings eine ganz klare und bis heute verständliche Antwort: Gott ist der Ursprung aller Welt. Und er hat die Welt und uns Menschen geschaffen, damit wir gut und nach seinen Geboten zusammenleben können. Denn: „Gott sah, dass es gut war".

Wenn wir doch weiter lernen könnten, auf diese Antwort zu hören! Viele unserer Probleme wären gelöst!
Denn: Was macht es schon, ob ein Schöpfungstag 24 Stunden oder hundert Millionen Jahre dauert?
Wichtig ist doch das: Hinter aller Schöpfung steht der Gott, der es gut mit uns und unserer Mitwelt meint.

Antworten auf Glaubensfragen

Viele Religionen – Ist Jesus Christus der einzige Weg?
Thomas Schwab

„Sind nicht alle Religionen irgendwie gleich – Hauptsache, wir verehren einen Gott!" – „Muss es nicht endlich ein Ende haben mit dem Absolutheitsanspruch des Christentums – war er doch häufig Grund für Intoleranz und Unterdrückung". Solche und ähnliche Fragen und Meinungen höre ich häufig. Was ist aus theologischer Sicht dazu zu sagen?

Hinter der Frage, ob Jesus Christus der einzige Weg zu Gott ist oder nicht, steckt die Frage nach der Erkenntnis Gottes. Ist es uns Menschen gegeben, Gott zu erkennen (z. B. aus der Natur oder aufgrund einer natürlichen Religiosität) oder ist die Erkenntnis Gottes auf seine Offenbarung angewiesen: dann ließe sich Gott nur dort erkennen, wo er sich uns bekannt macht. In diesem letzten Sinn verstehen die neutestamentlichen Zeugen (aber auch die reformatorische Theologie) Offenbarung: allein in seinem Sohn Jesus Christus erkennen wir Gott. In ihm hat er sich offenbart (Joh. 1; Röm. 1, 1-6; u. ä.). Am deutlichsten sagt es Jesus: „Ich bin der Weg und die Wahrheit und das Leben; niemand kommt zum Vater denn durch mich," (Joh. 14, 6). Und das Bekenntnis von Barmen (1934) legt aus: „Jesus Christus, wie er uns in der Heiligen Schrift bezeugt ist, ist das eine Wort Gottes, das wir hören, dem wir im Leben und im Sterben zu vertrauen und zu gehorchen haben." (Gesangbuch Nr. 907, 1). Insofern können alle unsere (religiösen) Bestrebungen, Gott zu finden, nicht an ihr Ziel gelangen, wenn sie nicht den Weg über Jesus suchen und alle Religiosität und alle Religion bleibt letztlich menschlicher Versuch der Selbstverwirklichung. Das gilt auch für das Christentum, sofern es meint, christlichen Glauben zu besitzen ohne daran zu denken, dass der Glaube aus dem täglich neu zu begegnenden Wort Gottes lebt. Deshalb ist der Absolutheitsanspruch des Christentums zu hinterfragen: allein Jesus Christus kann für sich Absolutheit beanspruchen.

Nun wollen aber alle neutestamentlichen Zeugen, dass wir die Erkenntnis Gottes in Jesus Christus nicht für uns behalten, sondern weitergeben an die Welt. „Gott will, dass allen Menschen geholfen werde und sie zur

Erkenntnis der Wahrheit kommen" (1. Tim. 2, 4 vgl. den Missionsbefehl Mt. 28, 18-20). Das aber bedeutet den Auftrag zu Zeugnis und Mission und schließt alle Menschen, Heiden und Christen, in Gottes Heilswillen mit ein.

Was aber heißt das für die anderen Religionen? Wird also nur der Christ allein selig werden? Hier wage ich mich nicht einfach „Ja" zu sagen. Das wäre Anmaßung! Aber ich will fragen: Passt es zur Güte Gottes, wie sie uns in Jesus Christus begegnet, dass Menschen vom Heil Gottes ausgeschlossen werden, weil sie vielleicht nie eine Chance hatten von ihm zu hören? Kann es nicht doch sein, dass seine Güte größer ist als unser begrenztes Denken? Sicher: Mit Gottes Gericht ist zu rechnen, für uns und andere, aber auch auf Gottes Güte dürfen wir hoffen und um sie sollen wir bitten, für uns und alle Welt. Wohlgemerkt: das heißt nicht, dass andere Religionen einen Weg zu Gott weisen könnten, wohl aber, dass Gott Wege hat und findet, zu allen Menschen zu kommen.

Antworten auf Glaubensfragen

Glauben die Pfarrer und Pfarrerinnen was sie predigen?
Johannes Steiner

Darüber haben einige Predigthörer und -hörerinnen folgende Meinung:
- „Ich hoffe es".
- „Die müssen ja davon überzeugt sein, sonst könnten sie nicht ein ganzes Berufsleben darüber predigen."
- „Das ist mir egal. Ich gehe nicht wegen dem Pfarrer in die Kirche."
- „Ich denke schon, dass es einige gibt, die das ganze für eine Theorie halten und keine persönlichen Erfahrungen mit dem Glauben haben."

Die meisten von mir Befragten waren jedoch der Meinung, dass nur der jeden Sonntag predigen kann, der davon überzeugt ist, was er sagt. Da haben wir ja nochmal Glück gehabt!

Ich denke, es gibt keine einheitliche und allgemein gültige Antwort auf diese Frage. Jeder Pfarrer und jede Pfarrerin kann sie sich nur selbst beantworten.

Glaube entwickelt sich, hat etwas mit Reifung zu tun und ist daher auch immer gewissen Veränderungen unterworfen. Beim Durchlesen alter Predigten denke ich mir manchmal: das könnte und wollte ich keiner Gemeinde sagen. Was ich damals mit voller Überzeugung sagen konnte, wird jetzt schwierig. Da stimmt es schon, dass ich das so nicht mehr glauben kann.

Auch für einen Pfarrer/Pfarrerin gibt es Stunden des Zweifels: ob das mit dem Evangelium, Jesus Christus und dem Glauben wirklich das Wahre ist und ob es doch in einem anderen Beruf nicht einfacher wäre. In solchen Momenten werden mir dann bestimmte Daten mit Gott ganz wichtig: meine Taufe, die Konfirmation und der innere bewusste Entschluss Jesus als Herrn anzunehmen. Bekehrung kann man dazu auch ganz fromm sagen.

Bezüglich meines Berufes sind es die „Berufungen", die mir dann wieder Kraft geben: Der Entschluss Theologie zu studieren; die innere Bestätigung und Gewissheit auf dem richtigen Weg zu sein; die Ordination; Zuspruch durch andere Menschen.
Predigten meiner Kollegen und Kolleginnen machen mir dann Schwierigkeiten, wenn zu sehr politisiert wird, wennSozialarbeit oder Therapie betrieben wird und zu wenig das zur Sprache kommt, was Halt gibt: also wenn religiöse Sprache vermieden wird.

Als Pfarrer verstehe ich mich als einer, der in Kontakt kommt mit dem „Heiligen". Dessen Profession es ist damit umzugehen und Menschen bei ihrer oft beschwerlichen und gefährlichen Expedition ins Heilige anzuleiten und zu begleiten. Nirgendwo begegne ich der Dimension des Heiligen intensiver als im Gottesdienst und im Seelsorgegespräch, also den beiden elementarsten Handlungsfeldern unseres Berufes. In diesem Zusammenhang gefällt mir der Begriff des spirituellen Handwerkers besonders gut. Denn hier wird Religion ganz praktisch. Da muss man sein Handwerk verstehen. D. h. sie am eigenen Leib schon einmal erfahren haben.

Um Menschen an den Grenzen ihres Lebens begleiten zu können und dabei glaubhaft zu bleiben, muss ich selbst persönliche Erfahrungen mit dem Machtbereich des Heiligen gemacht haben.

Und so schließe ich mit einem Satz des Göttinger Theologieprofessors Manfred Josuttis, der auch die oben gestellte Frage zumindest indirekt beantwortet: „Wer auf das Leben anderer Menschen im Namen Gottes Einfluss zu nehmen versucht, muss selber von der Macht Gottes ergriffen werden."

BEGRÜSSUNG IM GOTTESDIENST

Begrüßung im Gottesdienst

Gedicht
Reinhard Gerbe

Trinitatis

Unsichtbarer, Du,
Grund, Sinn und Ziel des Lebens, -
warst, bist und wirst sein!

Sichtbarer, Du, hier:
Liebend, lindernd und leidend, -
warst, bist und wirst sein!

Unsichtbarer, Du,
schaffende Kraft des Segens, -
warst, bist und wirst sein:

Leben, Licht, Liebe!
Ewig lobsingt Kreatur
Dir, Dreieinigkeit!

Begrüßung im Gottesdienst

allgemein
Volkmar Gregori

Im Namen des Vaters und des Sohnes und des Heiligen Geistes.
Gemeinde: Amen.
Der Herr sei mit euch
Gemeinde: und mit deinem Geist.

● Herzlich willkommen zur Feier des Gottesdienstes.
Jedoch – Gottesdienst „feiern", wenn das so einfach wäre.
Vielleicht sind Sie gekommen, weil der Kirchgang für Sie zum Sonntag dazu gehört; vielleicht weil Sie Ihr Kind begleiten wollen, das sich auf die Konfirmation vorbereitet; vielleicht haben Sie Leid und Enttäuschung erlebt und Sie suchen deswegen die Nähe Gottes und wollen beten; vielleicht wollen Sie Jesus Christus in den Gaben des Heiligen Mahles begegnen.
Es ist gut, dass Sie gekommen sind, aus welchen Gründen auch immer. Die Heiligkeit Gottes anbeten; vor der eigenen Unzulänglichkeit erschrecken; sich Vergebung zusprechen lassen; das Wort Gottes in seiner Bedeutung für (mein Leben in) Zeit und Ewigkeit hören, die Gemeinschaft von Schwestern und Brüdern erfahren – das macht den Wert und die Würde dieser Stunde aus. Darum ist sie Feierstunde. Es gibt den Sonntag. Es gibt den Gottesdienst. Gott sei Dank!

●

Begrüßung im Gottesdienst

allgemein
Volkmar Gregori

Im Namen des Vaters und des Sohnes und des Heiligen Geistes.
Gemeinde: Amen.
Der Herr sei mit euch
Gemeinde: und mit deinem Geist.

Wir feiern Gottesdienst, weil wir Gott brauchen, um unsere Bestimmung zu finden. Die Feier des Gottesdienstes hat die Kraft aufzunehmen, was uns bewegt. Sie kann uns geben, was wir für unseren Weg brauchen. Sie kann Bereiche unseres Lebens ordnen, die uns zu entgleiten drohen.
Doch jeder Gottesdienst ist nur so tragfähig, wie wir Gott in uns Raum geben. Im Gottesdienst kann nur dann unser Leben vorkommen, wenn wir uns selbst vor Gott einfinden und mit unserer ganzen Person singen, sprechen, hören und schmecken. Das schenke uns Gott in dieser Stunde.

Begrüßung im Gottesdienst

allgemein
Reinhard Grebe

Im Namen des Vaters und des Sohnes und des Heiligen Geistes.
Gemeinde: Amen.
Der Herr sei mit euch
Gemeinde: und mit deinem Geist.

Wir haben uns versammelt im Hause des Herrn.
Dieses Gebäude aus Stein möchte Gleichnis sein für die ewigen Wohnungen Gottes, denen wir entgegensehen.

Jeder von uns hat heute etwas mitgebracht:
Freude, die ihn glücklich macht
Trauer, die ihn verstummen lässt
Sorge, die er mit sich herumträgt
Schuld, die ihn bedrückt.

Hier ist der rechte Ort, alles hinzulegen,
zur Ruhe zu kommen und miteinander vor Gott zu treten,
Klage, Lob und Anbetung vor ihn zu bringen.

So lasst uns beginnen und Gott bitten um die Gegenwart seines Heiligen Geistes,

Amen.

Begrüßung im Gottesdienst

Festgottesdienst
Reinhard Grebe

Im Namen des Vaters und des Sohnes und des Heiligen Geistes.
Gemeinde: Amen.
Der Herr sei mit euch
Gemeinde: und mit deinem Geist.

Freude und Erwartung machen das Herz weit. Ein großes Fest…… wird heute in unserem Ort gefeiert. Unsere Kirche ist festlich geschmückt. Viele liebe Leute, Große und Kleine sind heute hier versammelt, um Gott zu danken und zu loben.
Jedes unserer irdischen Feste hat einen Bezug zu Gott, denn ER, der Grund und Geber aller Freude, stellt sein Verhältnis zu uns, seinen Menschen, immer in den Rahmen eines Festes!
Und ER ruft uns zu: „Kommt, es ist alles bereit!"
So auch heute, wo wir unser……fest begehen!
Gott lädt uns ein. ER ist der beste Gastgeber, den man sich vorstellen kann. ER verschenkt alles, was ER hat, ja, sogar sich selbst.
Möge unser heutiges Fest ein Abglanz seines göttlichen Festes der Liebe sein. Möge sein guter Geist unter uns herrschen, damit Böses, Zank und Streit keine Macht über uns gewinnen. Vor seinem Heiligen Angesicht lasst uns nun fröhlich beginnen und IHM die Ehre geben!
Amen.

Begrüßung im Gottesdienst

mit Taufe
Volkmar Gregori

Liturg: Im Namen des Vaters und des Sohnes und des Heiligen Geistes.
Gemeinde: Amen.
Liturg: Der Herr sei mit euch
Gemeinde: und mit deinem Geist.

Herzlich willkommen zum Gottesdienst am…… in unserer Kirche. Heute taufen wir…………. Er kam am………., dem………., zur Welt…… ist mit seinen Eltern und seiner Schwester………… in…………, zu Hause. Wir danken……… und………, die das Patenamt übernehmen.

Die Feier der Taufe bringt zweierlei zum Ausdruck:
Gott sagt zu jedem Menschen und seinem Leben – Ja.
Dieses "Ja" müssen wir uns in unseren Alltagen zusprechen und einander erfahren lassen.

Es ist gut, dass wir…… im Gottesdienst der Gemeinde taufen. Dadurch durchbrechen wir den Rückzug ins Private. Denn Taufe und Gemeinde gehören zusammen.

Wir feiern diesen Gottesdienst und werden auch an unsere Taufe erinnert. Sie ist nach wie vor beides: Gabe und Aufgabe, Zuspruch und Anspruch.

GEBETE IM GOTTESDIENST

Gebete im Gottesdienst

Gedicht
Reinhard Grebe

WORTE

Worte, geboren
aus innigster Wachsamkeit
lauschender Seele.

Worte, empfangen
von umgreifender Güte
des Unendlichen.

Worte, getragen
von unbändigem Glauben,
finden Sein Gehör.

Worte, geborgen
vor törichtem Spottgeschwätz
Unbelehrbarer.

Worte, geläutert
durch Freude, Trauer und Dank,
Schmuck der Heiligen!

Worte zu dem Wort,
das alles erschaffen hat,
sind unverloren!

SÜNDENBEKENNTNIS

Sündenbekenntnis

allgemein
Volkmar Gregori

Einer: Ihr Geliebten in Christus!
Wir haben uns zum Gottesdienst der Gemeinde versammelt. Es ist schön, mit Schwestern und Brüdern zusammen zu sein, um gemeinsam zu singen, zu beten, Gottes Wort zu hören (und das Mahl des Herrn zu feiern).
Wir fühlen aber auch,
wie wenig wir einander verbunden sind,
wie wir uns aus dem Weg gehen,
wie wir Probleme verschweigen.
Vor Gott erkennen wir, dass wir den Gottesdienst im Alltag oft nicht leben. Was wir jetzt in unserer Kirche hören, tun und denken: wird es sich in der neuen Woche auswirken?
Aus eigener Kraft können wir uns nicht ändern.
Darum sehen wir auf Christus und bitten: Gott, sei uns Sündern gnädig.

Alle: Der allmächtige Gott erbarme sich
unser, er vergebe uns unsere Sünde und führe
uns zum ewigen Leben. Amen.

Einer: Der barmherzige Gott hat sich über uns erbarmt. Jesus Christus ist für uns gestorben. Der Heilige Geist schenkt uns Mut und Phantasie, Geschick und Freude, damit Gottes Wort in unserem Denken und Tun Gestalt bekommt. „Lebt in der Liebe, wie auch Christus euch geliebt hat." Das gebe Gott uns allen.

Alle: Amen.

Sündenbekenntnis

Adventszeit
Dirk Grießbach

Einer:	„Siehe, dein König kommt zu dir, ein Gerechter und ein Helfer." So lautet die Botschaft des Advent. Advent bedeutet: Ankunft. Der König aller Könige und Herr aller Herren will zu uns kommen, heute, wenn wir sein Wort hören. Wir freuen uns: Jesus Christus will bei uns einkehren als Gerechter. Er will durch Vergebung wieder recht machen, was in der letzten Woche nicht recht war vor Gott und den Menschen. So wenden wir uns nun ihm zu, öffnen uns für sein Erbarmen und sprechen: Gott sei mir Sünder gnädig!
Alle:	Der allmächtige Gott erbarme sich unser, er vergebe uns unsere Sünde und führe uns zum ewigen Leben.
Einer:	Wir freuen uns, dass er auch zu uns kommen will als Helfer in den kleinen und großen Nöten unseres Lebens. Wir warten gespannt auf seine Ankunft am Ende dieser Welt, wenn er alles neu machen wird. Wer an ihn glaubt und getauft wird, der wird gerettet werden. Das schenke Gott uns allen. Amen.
Alle:	Amen

Sündenbekenntnis

Adventszeit
Hans Körner

Einer: Wir sind in diesem Gottesdienst beieinander, um Advent zu feiern und uns dabei auf die Botschaft einzustimmen, dass Jesus kommt.
Jesus kommt wieder. Wenn wir das so hören, erkennen wir jedoch, dass wir eigentlich sehr wenig oder gar nicht auf sein wirkliches Kommen warten. Unser Leben ist gefüllt von so vielen anderen Dingen, die wir ersehnen und auf die wir unsere „Hoffnung setzen. Darüber aber ist unser Leben ärmer und hoffnungsloser geworden. Wir bitten Gott, dass er uns helfe und uns aus unseren Verirrungen herausführe.

Alle: Der allmächtige Gott erbarme sich unser. Er vergebe uns unsere Sünde und führe uns zum ewigen Leben. Amen.

Einer: Gott begegnet uns in Güte. Im Wirrwarr unserer Zeit ruft er uns durch Jesus zu: „Seht auf und erhebt eure Häupter, weil sich eure Erlösung naht."
Gott schenke uns allen diese frohe Erwartung.
Alle: Amen.

Sündenbekenntnis

Sonntag Invokavit
Hans Körner

Einer: Zu Beginn dieses Gottesdienstes treten wir ein in ein Gespräch mit Gott. Vieles könnten wir ihm sagen an Klagen und Bitten. Ich möchte ihm gerne dies sagen:
Herr, wir fürchten so viel: Krisen, Krankheit, Schwierigkeiten im Beruf und in der Familie...
aber dich, Herr, haben wir wenig gefürchtet.
Wir lieben so viel: Besitz, Ansehen, Wohlstand....
aber dich, Herr, haben wir wenig geliebt.
Wir verlassen uns auf so viel: Können, Leistung, Beliebtheit......
aber dir, Herr, haben wir wenig vertraut.
Wir bekennen vor dir unsere Schuld und bitten dich: schenke uns ein Herz, das mehr nach dir fragt und allein dir vertraut. Herr, erbarme ich.

Alle: Der allmächtige Gott erbarme sich unser. Er vergebe uns unsere Sünde und führe uns zum ewigen Leben. Amen.

Einer: Seid getrost, denn so spricht Gott, unser Herr:
„Ich will euch ein neues Herz und einen neuen Geist in euch geben... Ich will meinen Geist in euch geben und will solche Leute aus euch machen, die in meinen Geboten wandeln und meine Rechte halten und danach tun."

Darauf können wir unser Vertrauen setzen.

Alle: Amen.

Sündenbekenntnis

Passionszeit
Hans Körner

Einer: Wir sind zum Gottesdienst in der Passionszeit versammelt. Dabei gedenken wir des Leidens und Sterbens Jesu Christi um unserer Sünde willen.
Wir erkennen daran: Soviel sind wir Gott wert.
Obwohl wir nicht immer die Wahrheit gesagt haben,
obwohl man uns nicht immer als Christen erkennen konnte,
obwohl wir oft nicht auf das Wohl unserer Mitmenschen bedacht waren,
obwohl wir nicht treu waren im dankenden und fürbittenden Beten,
Trotzdem hat uns Gott so sehr geliebt, dass er seinen Sohn gab, damit wir im Glauben an ihn nicht verloren werden, sondern das ewige Leben haben.
Darum wagen wir es, in unserer Verkehrtheit vor Gott hinzutreten und zu beten: Gott sei mir Sünder gnädig.

Alle: Der allmächtige Gott erbarme sich unser. Er vergebe uns unsere Sünde und führe uns zum ewigen Leben. Amen.

Einer: Gott war in Christus und versöhnte die Welt mit sich selber und rechnete ihnen ihre Sünde nicht zu und hat unter uns aufgerichtet das Wort von der Versöhnung.
Das Vertrauen darauf schenke Gott uns allen.

Alle: Amen.

Sündenbekenntnis

Passionszeit
Volkmar Gregori

Einer: Unsere Hilfe steht im Namen des Herrn.

Alle: Der Himmel und Erde gemacht hat.

Einer: Wir feiern miteinander Gottesdienst.
Wir werden gemeinsam Gottes Wort hören,
Gott loben, ihn anbeten (und in der Gemeinschaft am Tisch des Herrn den Leib und das Blut Jesu Christi empfangen.)
Wir feiern diesen Gottesdienst in der Passionszeit.
Passion heißt Leiden.
Gott leidet, wenn Menschen seine Schöpfung zerstören,
wenn Menschen vor Hunger sterben,
wenn Tierarten und Pflanzen ausgerottet werden.
Gott leidet, wenn Menschen Krieg führen und einander Leid zufügen,
wenn Menschen den Gekreuzigten anbeten und nichts tun gegen die Kreuze in unserer Zeit.
Gott leidet, wenn Menschen Schuld nicht vergeben und nicht bereit sind, ihre eigene Schuld anzuerkennen
Gott leidet. Dies ist unsere Schuld. Aus unserer Schuld können wir uns nicht mit eigener Kraft befreien. Darum bitten wir: Gott, sei mir Sünder gnädig.

Alle: Der allmächtige Gott erbarme sich unser, er vergebe uns unsere Sünde und führe uns zum ewigen Leben. Amen.

Einer: Gott hat sich unser erbarmt. Er hat nicht uns unsere Sünde zugerechnet. Sein Sohn hat um unseretwillen gelitten und den Tod am Kreuz auf sich genommen – für uns.
Jesus spricht: Kommt her zu mir, die ihr mühsam eure Lasten tragt. Aufatmen sollt ihr und frei sein! Das verleihe Gott uns allen.

Alle: Amen.

Sündenbekenntnis

Passionszeit
Dirk Grießbach

Einer: Unsere Hilfe steht im Namen des Herrn,

Alle: der Himmel und Erde gemacht hat.

Einer: Wir sind hier versammelt, um miteinander Gottes Wort zu hören, ihn im Gebet und Loblied anzurufen (und an seinem Tisch den Leib und das Blut Jesu Christi zu empfangen).
Wir bekennen vor dem heiligen Gott, dass wir meinen, der Weg, den Jesus Christus geht, ist nicht unser Weg.
Jesus leidet – wir suchen Freude. Jesus erträgt Spott und Verachtung – wir jagen dem Glück nach. Jesus stirbt – wir wollen nichts als leben.
Wir leben fernab von dem Weg Jesu und gehen eigene Wege. Darum wenden wir uns an Gott in seiner Barmherzigkeit und Gnade, dass er uns auf die Seite Jesu Christi bringt, wo wir Gott finden und uns selbst nicht verlieren. Um Christi willen bitten wir: Gott, sei mir Sünder gnädig.

Alle: Der allmächtige Gott erbarme sich unser, er vergebe uns unsere Sünde und führe uns zum ewigen Leben. Amen.

Einer: „Gott geht zu allen Menschen in ihrer Not. Sättigt den Leib und die Seele mit seinem Brot. Stirbt für Christen und Heiden den Kreuzestod und vergibt ihnen beiden."
Das verleihe Gott uns allen.

Gemeinde: Amen.

Sündenbekenntnis

Passionszeit
Dirk Grießbach

Einer: Wir sind heute hier zusammengekommen, um miteinander Gottes Wort zu hören,
ihm zu antworten in Lied und Gebet,
und um einen Schritt mit Jesus zu gehen auf dem Weg ans Kreuz.
Wir erinnern uns in der Passionszeit an sein Leiden und Sterben für uns.
Für uns ließ er sich festnageln ans Kreuz,
damit kein Mensch festgenagelt bleiben muss
an die Mächte der Sünde, des Todes und der Hölle.
Zu ihm dürfen wir uns flüchten und sprechen:
Gott, sei mir Sünder gnädig.

Alle: Der allmächtige Gott erbarme sich unser, er vergebe uns unsere Sünde und führe uns zum ewigen Leben. Amen.

Einer: „So sehr hat Gott die Welt geliebt,
dass er seinen eingeborenen Sohn gab,
damit alle, die an ihn glauben
nicht verloren gehen,
sondern das ewige Leben haben."
Und das schenke Gott uns allen.
Amen.

Sündenbekenntnis

Sakramentsgottesdienst
Reinhard Grebe

Einer: Herr, ich brauche Deine Hilfe! Manchmal glaube ich, dass mir das Wasser bis zum Hals steht! Ich brauche Deine Hilfe! Darum komme ich zu Dir und breite alles vor Dir aus, was mir Kummer und Not bereitet, denn Du hast gesagt, dass Du ein zerschlagenes Herz nicht verachten oder zurückweisen wirst.
Mir ist elend, Herr, darum bitte ich Dich: Richte mich wieder auf! Stärke mich mit Deinem Mahl der Freude, das Du mir heute bereitet hast. Nimm alles weg, was ich vor Dir falsch und böse gemacht habe. Schenke mir wieder ein reines frohes Herz, dass ich vor Dir aufs Neue den Lobgesang der Freude anstimmen kann. Darum bitte ich um Jesu Christi willen. Amen.

Alle: Der allmächtige Gott erbarme sich unser. Er vergebe uns unsere Sünde und führe uns zum ewigen Leben. Amen.

Einer: Zärtlich hat der Herr zu uns gesprochen: „Ich will euch trösten, wie einen seine Mutter tröstet!"
Er hat dem, der umkehrt, bereut und gesteht, alle Liebe seines Vaterherzens zugesagt. Er ist kein Gott der Rache, sondern der Vergebung und der immer neuen Gnade. Um uns dies zu zeigen, kam er in Jesus Christus in unsere Welt. Er litt und starb für uns, erstand vom Tode, ging zurück in die göttlichen Wohnungen und sandte uns seinen Heiligen Geist.
Aller Kleinmut weiche! Aller Kleinglaube schwinde! Er, der Unnennbar, sende uns seinen Geist der Freude, lasse uns teilhaben an seinem Mahle und nehme uns einmal auf in sein himmlisches Reich, gebe uns Platz an der Tafel des himmlischen Freudenmahles,
Amen.

Sündenbekenntnis

Gottesdienst mit Taufe
Volkmar Gregori

Einer: Ihr Geliebten in Christo!
Wir sind zum Gottesdienst versammelt,
um gemeinsam Gottes Wort zu hören,
um in Gebeten und Liedern unseren Dank und unsere Bitten vor Gott zu bringen
und um N. N. zu taufen und in unsere Gemeinde aufzunehmen.
Wir treten vor Gott und bekennen unsere Schuld:
In unserem Alltag leben wir oft ohne Gott.
Bei dem, was wir planen und tun, vertrauen wir gerne auf uns und weniger auf Gott.
Wir hören von der Liebe Gottes. Gott aber und Menschen müssen unsere Lieblosigkeiten mit ansehen.
Wir sind getauft und dürfen uns Gottes Kinder nennen. Aber aus Kindern, die Gott dienen und ehren sollen, werden wir zu Menschen, die sich dienen lassen und darauf bedacht sind, dass sie etwas gelten vor den Menschen.
Darum bitten wir: Herr, erbarme dich unser.
Erbarme dich über unsere Eigenmächtigkeit, über unsere Lieblosigkeit und unsere Unfähigkeit, dich über alle Dinge zu fürchten, zu lieben und zu vertrauen. Gott, sei uns Sündern gnädig.

Alle: Der allmächtige Gott erbarme sich unser. Er vergebe uns unsere Sünde und führe uns zum ewigen Leben. Amen.

Einer: Das ist die Größe unseres Gottes: Er verzeiht gern. Er geht nicht so mit uns um, wie wir es verdient hätten. Schwestern und Brüder! Ihr dürft die Zuversicht haben:
Christus ist bei uns heute und morgen und jeden Tag. Euch gilt die Zusage: „Ich habe euch lieb, spricht der Herr!"
Das verleihe Gott uns allen.

Alle: Amen.

Sündenbekenntnis

Festgottesdienst
Johann Beck

Einer: Liebe Gemeinde! Liebe Gäste!
Miteinander feiern ist schön.
Wir wollen unbeschwert fröhlich sein, singen, loben, danken.
Leider gibt es in unserem Miteinander und im persönlichen Dasein vieles, was uns belastet.
Wenn wir einander verzeihen und Gott um Vergebung bitten, sieht der heutige Festtag anders, besser aus.
Wir sprechen mit der Stimme unseres Herzens:
Gott sei uns Sündern gnädig.

Alle: Der allmächtige Gott erbarme sich unser. Er vergebe uns unsere Sünde und führe uns zum ewigen Leben. Amen.

Einer: Ich will mich über den Herrn freuen.
Alles, was in mir ist, mein Herz und mein Geist,
soll ihn rühmen!
Er hat heil gemacht, was in mir zerbrochen war.
Er hat mir das Leben geschenkt, als es schon verloren schien.
Barmherzig und freundlich ist der Herr,
geduldig und reich an Güte.

Alle: Amen.

Sündenbekenntnis

Ende des Kirchenjahres
Volkmar Gregori

Einer: Liebe Schwestern und Brüder!
Wir sind zusammen gekommen, um miteinander das Wort Gottes zu hören. Wir werden Gott in Gebet und Liedern anrufen (und das Hl. Mahl feiern).
Hier sind wir ehrlich vor Gott und zu einander. Was bedeutet es in unserem Leben, dass der Herr wiederkommen wird und wir dann vor ihm stehen werden?
Wir sind so sehr mit uns beschäftigt, dass diese Frage in den Hintergrund gerät. Gott ist mehr der Letzte als der Erste. Gott steht mehr am Ende als am Anfang.
Trotzdem will Gott zu uns kommen.
Darum sehen wir auf Christus und beten: Gott, sei uns Sündern gnädig.

Alle: Der allmächtige Gott erbarme sich unser.
Er vergebe uns unsere Sünde und führe uns zum ewigen Leben.
Amen.

Einer: Hört den Zuspruch, den Gott euch sagen lässt:
„Die Güte des Herrn ist's, dass wir nicht gar aus sind. Seine Barmherzigkeit hat noch kein Ende, sondern sie ist alle Morgen neu und deine Treue ist groß."
Das gebe Gott uns allen.

Alle: Amen.

GEBET DES TAGES/KOLLEKTENGEBET

Gebet des Tages/Kollektengebet

allgemein
Volkmar Gregori

Herr,
da sind wir,
weil wir zu deiner Gemeinde gehören
und weil wir etwas von dir hören wollen,
am liebsten das, was du uns Gutes zu sagen hast.

Wir bitten dich,
fülle du uns diese gemeinsame Zeit,
damit wir merken, was wir an dir haben
und froh und zuversichtlich nach Hause gehen können.

Das bitten wir dich durch Jesus Christus, deinen Sohn,
der mit dir und dem Heiligen Geist lebt und regiert
in Ewigkeit.

Amen.

Gebet des Tages/Kollektengebet

Adventszeit
Reinhard Grebe

Herr, unser Gott,
wir bitten dich in dieser heiligen Zeit,
bereite unsere Herzen und öffne uns die Augen
für deine Ankunft.
Begleite uns durch diese Tage.
Zeige uns unsere Aufgabe
und gib uns deine Freude ins Herz.
Fülle unsere Gemeinde mit deinem Geist der Liebe.
Im Namen deines Sohnes Jesus Christus,
der mit dir und dem Heiligen Geiste lebt und regiert
von Ewigkeit zu Ewigkeit.
Amen.

Gebet des Tages/Kollektengebet

Adventszeit
Reinhard Grebe

Lieber Herr Gott,

wir stehen vor dir mit unserem Gebet.
Wir bitten dich,
lass uns in dieser Besinnungszeit
unsere Aufmerksamkeit ganz auf dich gerichtet sein,
auf dich und dein Wort.
Lass uns nicht auf den Sand irdischer Versprechungen bauen,
sondern nur auf den Fels deiner göttlichen Verheißung,
 dass du uns heimholen wirst.

Herr, wir warten auf dich und deinen Tag.
Lass uns sein Licht aufgehen und erwecke uns zu neuem Leben,
durch deinen Sohn Jesus Christus, unseren Herrn,
der mit dir und dem Heiligen Geist lebt und regiert
von Ewigkeit zu Ewigkeit.
Amen.

Gebet des Tages/Kollektengebet

Einheit des Glaubens
Reinhard Grebe

Herr, unser Gott,
wir stehen vor dir mit unserem Gebet.
Wir bitten dich,
gib deiner ganzen Kirche auf Erden die Einheit des Glaubens;
wehre du den Eiferern und denen, die alles gutheißen.
Herr, wir wissen, dass wir als Menschen niemals richtig einig werden,
weil immer wieder Zwiespalt in uns aufkommt.

Wir wissen aber auch,
dass du deinen Sohn Jesus Christus geschickt hast,
um Glauben an dich zu erwecken.
Lass uns mit einer Stimme beten,
lass uns mit einem Herzen und einer Hand glauben,
denn du hast es uns geboten.
Herr, hilf uns dazu im Namen deines Sohnes Jesus Christus,
der mit dir und dem Heiligen Geist lebt und regiert
von Ewigkeit zu Ewigkeit.
Amen.

Gebet des Tages/Kollektengebet

Konfirmation
Reinhard Grebe

Herr, unser Gott, Vater im Himmel!

Wir bitten dich um dein gutes Geleit für unsere Jugendlichen,
die heute eingesegnet werden.
Du, Herr, hast uns gesagt, dass du bei uns bleiben willst
bis ans Ende aller Tage.
So gib uns die Gewissheit,
dass du mit deinem Geist der Liebe unter uns bist und bleiben wirst.
Segne du unsere Konfirmanden,
denn dein Segen schafft Leben und Zukunft,
durch deinen Sohn Jesus Christus, unseren Herrn,
der mit dir und dem Heiligen Geist lebt und regiert
von Ewigkeit zu Ewigkeit.
Amen.

Gebet des Tages/Kollektengebet

Muttertag
Dirk Grießbach

Lieber Vater im Himmel!

Hab Dank für diesen schönen Tag,
Deinen Sonntag, den Du uns zum Erholen geschenkt hast.

Große und Kleine, Junge und Alte
sind heute in Deinem Hause zusammengekommen,
um Dich zu loben und Dir heute ganz besonders zu danken
für alle mütterlichen Menschen, die unser Leben begleiten.
In mütterlicher Liebe begegnest Du uns, Vater, Du hast gesagt:
Ich will euch trösten, wie einen seinen Mutter tröstet.

Segne Du diesen Gottesdienst.
Mache ihn uns zum Geschenk.
Geleite uns auf unserem Wege durch dies Erdenleben,
der Du lebst und regierst von Ewigkeit zu Ewigkeit.
Amen.

Gebet des Tages/Kollektengebet

Michaelisfest
Reinhard Grebe

Allmächtiger, barmherzigen Vater,

du möchtest, dass wir deinen Willen erkennen
und ihn in unserem Leben verwirklichen.

Deine Boten hast du uns als Helfer beigeordnet,
die Engel, die deinen Willen und deine Kraft zu uns tragen.

Herr, gib, dass deine starken Helfer
uns allezeit in deinem Namen bewahren
und uns dereinst geleiten in dein ewiges Reich,

durch Jesus Christus, deinen Sohn,
der mit dir und dem Heiligen Geist lebt und regiert
von Ewigkeit zu Ewigkeit.
Amen.

- **ALLGEMEINES KIRCHENGEBET/FÜRBITTEN**

Allgemeines Kirchengebet/Fürbitten

Ferien
Reinhard Grebe

Lieber Vater im Himmel!

Wir bitten dich heute um deinen Segen
für die Zeit unserer Ferien.
Behüte uns auf all unseren Wegen und daheim,
Gib uns viel Freude und Erholung.
Gib, dass wir gute Freunde und Kameraden finden,
die mit uns spielen und die freie Zeit gestalten.
Behüte auch unsere Eltern und Lehrer in dieser Zeit
und lass uns alle froh und gesund wieder zusammenkommen,
das bitten wir dich durch Jesus Christus, unseren Herrn.
Amen.

Allgemeines Kirchengebet/Fürbitten

Erntedank
Reinhard Grebe

Guter Gott,
wir treten vor dich und danken dir für alles,
was du uns gegeben hast.
Wir danken dir für die Früchte des Feldes.
Wir danken dir für die Freude,
wieder ein herrliches Erntejahr geschenkt bekommen zu haben.
Herr, wir nehmen alles aus deiner Hand,
das was uns zugute kommt und auch das, was uns prüft.
Jeder von uns trägt seine Sorgen um das tägliche Leben mit sich herum.
Jeder hat seine Fragen an dich.
Herr, lehre du uns, was du mit uns vorhast.
Lehre du uns, dass dein Wille das Leben für uns schafft.
Wir sehen meist nur den Vordergrund.
Du aber weißt, was wir benötigen.
Du weißt, wonach wir hungern.
Wir, Herr, wir dürfen wieder satt werden.
Wir dürfen wieder voll Dank in die Zukunft schauen.
Herr, lass uns nie den Dank vergessen, der dir gilt,
wenn wir ernten und wenn wir essen,
durch deinen Sohn Jesus Christus,
der mit dir und dem Heiligen Geiste lebt und regiert
von Ewigkeit zu Ewigkeit.
Amen.

Allgemeines Kirchengebet/Fürbitten

Frieden – Volkstrauertag
Reinhard Grebe

Herr, unser Gott,
wir stehen vor dir mit unserem Gebet.
Wir bitten dich für all die, die im Kriege, bei Katastrophen und Unfällen
ihr Leben gelassen haben, es dir wieder gegeben haben.
Wir bitten dich für all die, die um sie trauern,
Wir bitten dich für die Mächtigen dieser Welt.
Lass Frieden wachsen unter den Völkern.
Gib den Mut zur Vergebung.
Lass den Hass versiegen um deines Sohnes Jesu Christi willen,
der mit dir und dem Heiligen Geist lebt und regiert
von Ewigkeit zu Ewigkeit.
Amen.

Allgemeines Kirchengebet/Fürbitten

Lob der Schöpfung
Reinhard Grebe

Herr, unser Gott,
du hast uns die Schöpfung anvertraut.
Du hast uns Anteil gegeben an deinem Wesen.
Wir wissen, wie das ist, wenn man einander liebhat.
Wir wissen, wie es ist, wenn man einander hasst.
Wir wissen, wie es ist,
wenn wir deine Schöpfung rücksichtslos behandeln.

Deine Welt, Herr, ist so schön.
Deine Geschöpfe in deiner geschaffenen Welt sind so schön.
Überall gibt es Wunder und Geheimnisse.
Überall können wir nur staunen über das, was du gemacht hast.
Herr, lass uns doch nicht abseits stehen.
Gib auch uns eine Stimme in dem Chor aller Wesen,
die dich verehren und dir danken für das Leben,
das du ihnen gegeben hast.
Gib uns die Gabe, alles mit Ehrfurcht zu behandeln,
was du in unsere Hände gelegt hast.
Denn die Kraft, die wir haben, ist nicht unsere Kraft.
Alles kommt von dir, Herr, unser Gott.
Vergib uns unseren Hochmut,
wenn wir uns selbst als Herren gefühlt haben und uns angemaßt haben,
in deinem Namen Verantwortung zu tragen.
Herr, wir haben gemerkt, dass wir kläglich versagt haben.
Wir loben und preisen dich mit unseren Liedern und Gebeten.
Du allein bist der Herr.
Dir vertrauen wir in Zeit und Ewigkeit, Gott Vater, Sohn und Heiliger Geist.
Amen.

Allgemeines Kirchengebet/Fürbitten

allgemein
Reinhard Grebe

Lieber Vater im Himmel,
Du hast uns geboten, Bitte und Fürbitte zu tun für andere und für uns.

So kommen wir vor Dein Heiliges Angesicht und bitten Dich für alle Menschen, die hier in unserer Gemeinde mit uns zusammen leben und arbeiten.

Wir bitten Dich für unsere Kinder. Lass sie aufwachsen in Geborgenheit und Frieden unter Menschen, die es gut mit ihnen meinen.

Wir bitten dich für unsere Jugendlichen, besonders für die, die sich schwer tun mit den Bedingungen, unter denen sie aufwachsen und erwachsen werden wollen. Zeige ihnen durch uns Wege, die sie gern und bereitwillig gehen und sich dabei angenommen fühlen.

Wir bitten Dich für alle Braut- und Eheleute, für alle Partnerschaften und Freundschaften. Du weißt, Herr, wie schwer wir es uns machen können. Gib daher immer erneute Liebe und Zärtlichkeit, dass sich Menschen angenommen fühlen und geborgen wissen.

Wir bitten Dich für die Familien, dass alle in Frieden und gegenseitiger Achtung miteinander leben können. Vertreibe Selbstsucht und Zank. Gib Offenheit füreinander und echte Verbundenheit, die in guten und sorgenvollen Zeiten wirklich trägt.

Wir bitten Dich für alle, die mitten im Leben, in Arbeit und Beruf stehen, dass sie ihre tägliche Arbeit gelassen und mit frohem Einsatz verrichten können. Wir bitten Dich, Herr, für all die, die ihren Arbeitsplatz verloren haben. Lass sie nicht ihre Selbstachtung verlieren, sondern zeige ihnen durch uns Wege und Möglichkeiten für neue sinnvolle Beschäftigung.

Wir bitten Dich für alle, die unter uns alt geworden sind. Zeige ihnen durch uns, dass sie nicht nutz- und sinnlos beiseite stehen müssen, sondern dass ihre Lebenserfahrung und ihr geschulter Blick für das Wesentliche wertvoll sind und wichtig für das Zusammenleben in der Gemeinde.

Wir bitten Dich für alle, die Du aus unserer Gemeinschaft weggenommen hast, hinüber zu Dir in Deine ewigen Wohnungen. Lass sie voller Freude schauen, wie unendlich groß und liebevoll Du bist. Lehre auch uns bedenken, dass das Ende unseres irdischen Weges hinübermündet in die ewige Freude bei Dir.

In Jesus Christus hast Du Dich offenbart unter uns und hast uns ein Gebet gelehrt, das all unsere Bitten aufnimmt.

ANDACHTEN ZU GEBURTSTAGEN

Andachten zu Geburtstagen

Gedicht
Reinhard Grebe

Erdenjahre
Woher ich kam? Ich weiß es nicht,
sah nicht in Urgrundangesicht,
spür nur ein zärtlichwarmes Licht,
das vor mir steht, das zu mir spricht.

Wer ich nun bin? Hab gute Kraft
für Atmen, Wachsen, Lebenssaft.
Was ist es nur, das Freude schafft,
auch dunkle Drohung weggerafft?

Wo ich jetzt wohn? Auf Erdengrund,
hoch über mir Gestirnenrund:
Ein Garten wächst, ganz weit und bunt,
gibt gute Gabe, grün, gesund.

Wie ich nun leb? Bei dir, zu zweit:
Warst plötzlich da, so liebbereit.
In mir dein Bild, auch Widerstreit, -
bleib doch bei mir die Erdenzeit!

Wohin ich geh?: Woher ich kam –.
Der Gleiche ist,s, der mich einst nahm,
mich schuf und führte wundersam,
nimmt Freud und Furcht in seinen Arm.

Andachten zu Geburtstagen

Geburtstag im Alter
Hans Körner

Im Namen des Vaters und des Sohnes und des Heiligen Geistes, Amen.

Liebes Geburtstagskind!
Ihr heutiger Feiertag und die Zeit, die danach kommt, ist geborgen in den Vaterhänden Gottes. Es ist so unendlich gut, diese Gewissheit zu spüren! Das gilt nicht nur für heute, wo Ihnen viele liebe Leute viel Gutes wünschen, das gilt auch für morgen, danach und für alle Zeit, die Ihnen von Gott geschenkt wird.

Ich möchte versuchen, Ihnen dies an einem Wort aus dem Prophetenbuch des Jesaja zu zeigen. Es steht im Kapitel 46 und lautet: „So spricht der Herr: Bis in Euer Alter bin ich derselbe, und ich will heben und tragen und erretten!"

Sie, liebes Geburtstagskind, können zurückschauen auf viele Begebenheiten, die Ihr Erdenleben geprägt haben. Es waren frohe, glückliche Momente, die Ihnen noch heute das Herz warm machen. Es waren aber auch Zeitabschnitte, die Ihnen Angst, Furcht und Sorgen eingeflößt haben. Dort, die Photos und Bilder an der Wand hinter Ihnen sprechen es aus: Lachende Frau, Kind auf dem Arm. Junger Mann, in steifen Anzug gezwängt, Blume am Revers. Da, weiter unten, – eine Grabstelle, blumenübersät.

Heute, an Ihrem Geburtstag, wird viel Vergangenes zur Gegenwart. Und das ist auch gut so. Alles Dinge, Ereignisse, die Sie bewusst erlebt haben. Und die sind da, genau wie der heutige Tag, an dem Sie sicher mit vielen darüber nachdenken werden.

Und morgen, wenn normaler Alltag wiederkehrt? Alltag, der nicht immer gefüllt ist mit Lachen und fröhlichem Lärm, lieben Leuten und Lebendigkeit…. Alltag, – allein?

Keine Sorge! Schon das heutige Treiben in Ihrem Hause möchte Hinweis dafür sein, dass Sie ein geliebter Mensch sind. Immer wieder wird die Haustür sich öffnen, und Sie werden sich freuen über einen lieben Gast.

Noch einer sieht Sie als einen geliebten Menschen an: Er, der Geber und Herr Ihres Lebens. Er sagt zu Ihnen: „Immer bin ich derselbe! Ich war es damals, als Du klein warst. Ich war es, als Du erwachsen und reif wurdest, und ich bin es auch jetzt, heute, wo Du lange Jahre vor mir gelebt hast, grau geworden bist. Immer werde ich sein, nicht Zeit oder Raum unterworfen wie Du jetzt noch! Und tragen will ich Dich, wie ich Dich immer getragen habe. Heben will ich Dich, wenn Du strauchelst oder nicht mehr aufkommst: Meine rettende Hand wird Dich bergen in der Stunde der Not!"

Ein kostbares liebevolles Geschenk zu Ihrem Geburtstag, nicht wahr? – Gehen Sie Ihren Lebensweg unter dem Segen und in der Freude Gottes, des Herrn!
Amen.

An dieser Stelle kann eine Liedstrophe gesungen werden, z. B. Lied Nr. 321, 329, 331 im EG.
Es folgen das gemeinsam gesprochene Vaterunser und der Schlusssegen.

Andachten zu Geburtstagen

70. Geburtstag
Hans Körner

Liebe(r) Frau / Herr..........!

Nun ist Ihr Ehrentag gekommen. Ich möchte Ihnen zum 70. Geburtstag recht herzlich gratulieren und Ihnen Gottes Segen für die weitere Zeit wünschen.

70 Jahre – es ist ein Einschnitt, gegen den man sich ein wenig sträuben möchte. Mehr und mehr machen sich die Lasten des Alters bemerkbar: Man wird vergesslicher und spürt, dass man auch nicht mehr so sportlich und leistungsfähig ist, wie in jungen Jahren. Körperliche Beschwerden werden zunehmen.

Vielleicht schleichen sich an so einem Tag auch Enttäuschungen ein. Man blickt zurück und erkennt, dass man im Leben so manches hätte anders machen sollen oder dass man vielleicht noch mehr aus dem Leben hätte machen können.

Doch sollen Sie bei alledem nicht meinen, Ihr Leben wäre schon gelebt. Haben Sie doch aufgrund Ihrer Jahre eine Lebenserfahrung, die Sie im Gespräch mit Jüngeren einbringen können – freilich ohne sich ihnen aufzudrängen.

Vor allen Dingen können Sie Liebe verschenken: Dazu ist es nie zu spät: Der Ehepartner an Ihrer Seite freut sich über Ihre Freundlichkeit und Zuneigung. Ihren Kindern können Sie einen Brief schreiben und ihnen – wenn diese es wollen – Ihre Hilfe anbieten.

Auch Ihre Kirchengemeinde freut sich über kleine Dienste, die Sie Ihren Begabungen entsprechend zur Entlastung anderer Mitarbeiter einbringen können.

Die Liebe jedenfalls wird einmal das Wesentliche sein, was vor Gott zählt. – Also nicht das, wie viel ich geleistet oder auch nicht zu Wege gebracht habe, sondern wie viel ich Gott und Menschen geliebt habe.

Das Alter bietet dazu – weil es noch mehr Freiräume hat – viele Möglichkeiten.

Und wenn die Kräfte nachlassen und das Leben eine Last wird? Wenn Ängste aufkommen im Hinblick auf ein undurchdringbares Dunkel, das sich einzustellen droht?

Als Christen brauchen wir die Zukunft nicht zu fürchten, weil wir wissen, dass sie nicht finster, sondern licht sein wird. Selbst der Tod wird einmal keinen Schlusspunkt setzen können, sondern lediglich einen Doppelpunkt. Denn Jesus Christus hat den Tod besiegt. Er gibt neues Leben denen, die ihr Vertrauen auf ihn gesetzt haben.

In diesem Sinne wünsche ich Ihnen noch eine gesegnete und von einer fröhlichen Hoffnung gefüllte weitere Zeit.

Andachten zu Geburtstagen

70. Geburtstag
Johannes Steiner

In der Bibel, im Psalm 90, 10, heißt es über das Leben der Menschen: „Unser Leben währet siebzig Jahre und wenn's hoch kommt, so sind's achtzig Jahre." Sie, Herr/Frau................., haben 70 Jahre ge- und erlebt und ein biblisches Alter erreicht.

An so einem wichtigen Punkt im Leben ist es gut, innezuhalten, sich zu erinnern und die vergangene Zeit zu bedenken. Wir feiern, weil wir uns an den Tag Ihrer Geburt erinnern. Die Erinnerung daran macht uns den Fluss der Zeit bewusst. Seit Ihrer Geburt am............ist viel Zeit vergangen. Kindheit, Schul- und Ausbildungszeit, Berufsjahre, Ehe und Familie mit Kindern, Aufgaben und Herausforderungen: Rückschläge und Misserfolge, aber auch Erfüllung: Da gab es Krankheit und das Gespür schneller an Grenzen zu kommen – alt zu werden.

Gute Jahre wechselten sich ab mit schlechten. Aber es war immer eine Entwicklung im Leben drin.

Jedes Leben, und damit auch Ihr Leben, besteht aus diesen Entwicklungsstufen. Jede Stufe hat ihren Sinn und ihre Bedeutung über die nur Sie selbst etwas aussagen können. Jedes Weitergehen in eine neue Stufe bringt aber auch ein Abschiednehmen mit sich. Immer wieder muss ich Vertrautes hinter mir lassen, um weiterzukommen. „Es ist nichts beständiger als der Wechsel." Leben, auch mit 70 Jahren, heißt daher: Sich verändern und neue Lebensstufen durchlaufen.

Hermann Hesse hat diesen Prozess in seinem Stufengedicht in sehr eindrückliche Worte gefasst:
 „Wie jede Blüte welkt und jede Jugend dem Alter weicht,
blüht jede Lebensstufe, blüht jede Weisheit und auch jede Tugend zu ihrer Zeit und darf nicht ewig dauern.
Es muss das Herz bei jedem Lebensrufe
bereit zum Abschied sein und Neubeginne,
um sich in Tapferkeit und ohne Trauern
in andre, neue Bindungen zu geben.

Und jedem Anfang wohnt ein Zauber inne,
der uns beschützt und der uns hilft zu leben.
Wir sollen heiter Raum um Raum durchschreiten,
an keinem wie an einer Heimat hängen,
der Weltgeist will nicht fesseln uns und engen,
er will uns Stuf, um Stufe heben, weiten.
Kaum sind wir heimisch einem Lebenskreise
und traulich eingewohnt, so droht Erschlaffen,
nur wer bereit zu Aufbruch ist und Reise,
mag lähmender Gewöhnung sich entraffen.
Es wird vielleicht auch noch die Todesstunde
uns neuen Räumen jung entgegensenden,
des Lebens Ruf an uns wird niemals enden......
Wohlan denn, Herz, nimm Abschied und gesunde!"

Gut ist der dran, der sich an all das Vergangene erinnert. Nicht nur an die fröhlichen Stunden, sondern auch an die schmerzhaften, die traurigen, in denen es galt, Abschied zu nehmen. Oft waren es gerade sie, die uns zu einer neuen Lebensstufe weitergebracht und uns die Weisheit des Alters vermittelt haben.

All diese Zeit ist gut aufgehoben. Sie ist nicht vergessen, bei Ihnen nicht und auch bei Gott nicht, denn der Psalm 31, 16 gibt uns darüber die Auskunft: „Meine Zeit steht in deinen Händen". Mit dieser Erkenntnis können Sie, können wir, weiter getrost leben.

Amen.

Gebet

Herr, unser Gott,
wir danken dir für unser Leben, das du uns geschenkt hast
und uns immer wieder jeden Tag neu gibst.

Du möchtest uns an der Hand nehmen und an unserer Seite stehen.
So hast du es uns versprochen in unserer Taufe.
Das gibt uns Zuversicht und Hoffnung für unser Leben.

Ich bitte dich heute besonders für Herrn/Frau.................,
dass du ihn/sie deine Nähe und Fürsorge spüren lässt.
Segne du ihn/sie und seine/ihre ganze Familie.

Halte deine schützende Hand über dieses Haus und alle Menschen,
die hier ein und aus gehen.
Wie ein guter Hirte führst du uns
die oft dornigen Wege unseres Lebens über Berge und Täler hinweg.
Weil wir das alles wissen,
fühlen wir uns von guten Mächten wunderbar geborgen
und erwarten getrost, was kommen mag.
Du bist mit uns am Abend und am Morgen
und ganz gewiss an jedem neuen Tag.
Amen.

Andachten zu Geburtstagen

80. Geburtstag
Dirk Grießbach

Zu Ihrem 80. Geburtstag meine herzlichen Segenswünsche für Sie! Ich freue mich mit Ihnen, dass Sie diesen großen Tag in Ihrem Leben heute feiern können.
„Unser Leben währet siebzig Jahre, und wenn‚s hoch kommt, so sindís achtzig Jahre." So heißt es im 90. Psalm. Ein Wort, das Sie heute dankbar stimmen mag. Nicht jedem wurden so viele Jahre geschenkt, wie Ihnen heute.

Die vielen Menschen, die Ihnen heute gratulieren, werden manche Erinnerungen wachrufen an vergangene Zeiten. Wie viele schöne und schwere Stunden hat es da gegeben! Da waren Stunden, in denen Sie besonders die Hilfe anderer Menschen und die Bewahrung und Hilfe Gottes erfahren haben. Davon sollten wir heute vor Gott und vor anderen ein dankbares Lied singen. Ja, das ist wahr: „In wie viel Not hat nicht der gnädige Gott über dir Flügel gebreitet." Dankbar können Sie heute mit dem 103. Psalm beten: „Lobe den Herrn, meine Seele, und vergiss nicht, was er dir Gutes getan hat."

Wenn morgen oder übermorgen das Feiern verklungen ist, wird sie manchmal da sein: die Angst vor dem Ungewissen: Was wird noch werden? Wie viele Tage sind mir noch gegeben? Wie werde ich damit fertig werden, wenn meine Kräfte immer mehr schwinden? Was wird sein, wenn mein letzter Tag anbricht auf dieser Erde?
All diesen Fragen möchte ich als Antwort eine Verheißung Gottes aus dem Prophetenbuch Jesaja entgegenstellen:

Da sagt Gott: „Bis in euer Alter bin ich derselbe, und ich will euch tragen bis ihr grau werdet. Ich habe es getan; ich will heben und tragen und erretten." (Jesaja 40, Vers 4).
Dieses Wort lohnt es, auswendig gelernt zu werden. Was für eine Verheißung!

„Gott will heben." – Oft gehen unsere Gedanken im Alter zurück in die Vergangenheit. Manches steigt da empor in der Erinnerung, das uns zur Anklage wird. Da stehen uns deutlich Stunden vor Augen, in denen wir

„hineingefallen" sind in Versagen und Schuld. Die Frage wacht auf: „Wie, wenn Gott nun wirklich einmal Gericht hält über meinem Leben?" Gott sagt: „Ich will heben. Ich bringe deine Schuld unter das Kreuz meines Sohnes. Dort ist sie gut aufgehoben. Dort findest du den Frieden."

„Gott will tragen." – Oft wird uns das Alter zur Last. Die Kräfte werden weniger. Schmerzen stellen sich ein. Wir haben das Gefühl, anderen zur Last zu fallen. Gott sagt: „Gib mir deine Last. Bringe sie mir im Gebet! Schütte dein Herz vor mir aus. Alle deine Sorgen wirf auf mich. Ich sorge für dich!"

„Gott will erretten." – Oft müssen wir daran denken, dass unsere Lebenszeit bald abgelaufen ist. Der Tod steht vor uns wie ein finsterer Abgrund. Wir haben Angst, darin zu versinken. Jesus Christus sagt uns: „Ich bin die Auferstehung und das Leben, wer an mich glaubt wird leben, auch wenn er stirbt." Wenn wir uns an diesen Herrn halten, dann sind wir gehalten für Zeit und Ewigkeit. An seiner Hand geht es nicht abwärts, sondern heimwärts. Seiner starken Retterhand dürfen wir uns anvertrauen: „So nimm denn meine Hände und führe mich, bis an mein selig Ende und ewiglich. Ich mag allein nicht gehen, nicht einen Schritt: Wo du wirst geh‚n und stehen, da nimm mich mit." „Hand, die nicht lässt, halt mich fest." Amen.

Andachten zu Geburtstagen

Geburtstage von Mitarbeitenden
Reinhard Grebe

Im Namen des Vaters und des Sohnes und des Heiligen Geistes, Amen!

Wir sind hier versammelt, um Ihnen, liebe/r Mitarbeiter/in mit großer Freude und mit dem Gefühl großen Dankes zu Ihrem heutigen Geburtstag zu gratulieren.

Sie haben sich, bevor wir uns hier getroffen haben, ein Lied gewünscht, das Sie lieben und das Ihnen viel bedeutet, gerade heute. Wir singen es gemeinsam.

Es folgt eine Psalmlesung.
z. B.
Psalm 1
Psalm 19
Psalm 22, Verse 23 ff.
Psalm 23
Psalm 34
Psalm 65

Liebe/r Mitarbeiter/in!

Was wäre lebendige Kirche ohne den Segen Gottes? Was wäre lebendige Kirche ohne Menschen, große und kleine, Männer und Frauen, alte und junge? Was wäre lebendige Kirche ohne Sie, die Mitarbeiter/innen, die überall da zur Stelle sind, wo jemand gebraucht wird, wo Hilfe nottut, wo ein Fest vorbereitet wird, wo ein erkrankter Gemeindepfarrer/eine erkrankte Gemeindepfarrerin urplötzlich vertreten werden muss? Wo..., wo...?

Ja, es ist so gut, dass wir Sie unter uns haben, dass Ihre Fröhlichkeit und Kraft uns alle mitträgt. So ist es für uns Ehre und Verpflichtung, Sie an Ihrem heutigen Geburtstage ein Stück weit zu begleiten, Ihnen etwas zu schenken, was Sie sich vielleicht schon lange gewünscht haben, was Sie froh und gerührt macht, – und mit Ihnen zu feiern, hier an dieser gedeckten Tafel. Lassen Sie sich heute etwas verwöhnen von uns!

Auch Ihre Familie will ich nicht vergessen, Ihren Mann (Ihre Frau), Ihre Kinder, die mit hier zugegen sind und die Sie, wenn Sie in Ihrer Kirchengemeinde Dienste übernahmen, vermisst haben, auf Sie verzichten mussten! Das ist oft nicht einfach wegzustecken, gerade dann, wenn andere die Tür zuschlagen oder sagen: Lass mir meine Ruh!

Der Ruf aus der Hl. Schrift, der leider nur zu oft verkannt wurde zum Erzielen einer hohen Kollekte, dieser Ruf soll Sie heute erreichen (2. Kor. 9, V. 7): „Einen fröhlichen Geber hat Gott lieb!" Was Sie gegeben haben an Freizeit, Zeit für andere, vielleicht sogar Schweigen zu bösen Worten, – das macht Sie wertvoll vor Gott. Solche Menschen liebt ER! Und wir lieben Sie auch und sind dankbar für Ihren Dienst und dankbar für diesen Tag. Amen.

ANDACHTEN

Andachten

zur Einweihung ein neuen Schützenhauses
Dirk Acksteiner

Einleitung:
Liebe Schützen, liebe Gäste!
Zur Einweihung Ihres neuen Schützenhauses gratuliere ich Ihnen im Namen unsere Kirchengemeinde ganz herzlich. In einer Zeit, in der die Gelder knapp sind und immer knapper werden, ist es ein Glücksfall, wenn man noch einen Neubau einweihen kann. Mögen Sie viele fröhliche Stunden in diesem Haus verbringen!
Danke auch für den guten Beitrag, den Sie mit Ihrer Vereinsarbeit zum Gemeinschaftsleben hier am Ort leisten.
Wir wollen Ihr Haus nun unter den Schutz und Segen Gottes stellen. Die Lesung für diesen Festabend steht im 1. Petrusbrief, im 1. Kapitel.

Lesung: 1. Petrus 1, 3-5. 8.9
„Gepriesen sei Gott, der Vater unseres Herrn Jesu Christus. Er hat uns in seinem großen Erbarmen neu geboren, damit wir durch die Auferstehung Jesu Christi von den Toten eine lebendige Hoffnung haben und das unzerstörbare, makellose und unvergängliche Erbe empfangen, das im Himmel für euch aufbewahrt ist. Gottes Macht behütet euch durch den Glauben, damit ihr das Heil erlangt, das am Ende der Zeit offenbart werden soll.
Ihr habt Jesus Christus nicht gesehen, und dennoch habt ihr ihn lieb; ihr glaubt an ihn, obwohl ihr ihn nicht seht, ihr werdet euch aber freuen mit unaussprechlicher und herrlicher Freude, wenn ihr das Ziel eures Glaubens erreichen werdet: die Seligkeit eurer Seelen, euer Heil."

Ansprache:
Liebe Schützen, liebe Gäste!
So auf den ersten Blick könnte sich manch einer wundern, was eigentlich die Pfarrer bei der Einweihung eines Schützenhauses zu suchen haben: Christsein und schießen – das passt doch nicht zusammen, oder!? Nun, Sie schießen Gott sei Dank nur auf Scheiben. Und dagegen ist nichts einzuwenden.
Ja, bei genauerem Hinsehen fällt sogar auf, dass Schießsport und christlicher Glaube einiges gemeinsam haben. Der kurze Abschnitt aus dem Petrusbrief, den wir gerade gehört haben, hat solche Gemeinsamkeiten genannt. Haben Sie ís gemerkt?

Was Sie im Schützenverein tun, ist sehr ähnlich dem, wie Christen leben. Beide haben ein Ziel vor Augen.
Der Schuss soll nicht daneben gehen, auch nicht irgendwo an den Rand der Scheibe, sondern er soll ins Schwarze treffen. Unser Leben soll nicht leer und sinnlos sein, sondern es soll gelingen. Glückliches, erfülltes Leben, das wünschen wir uns. Grund und Ziel des Lebens eines Christen ist Gott, ist der allmächtige und barmherzige Gott. Bei ihm sind wir in guten Händen. Wer sich an ihn hält, dessen Leben kommt ans Ziel. Der findet Heil, erfülltes ewiges Leben. Der darf leben in der ewigen Gemeinschaft mit Gott.
Deshalb haben wir Christen Grund zur Freude, weil wir wissen: Wer sich an Gott hält, der trifft mit seinem Leben ins Schwarze.

Doch Vorsicht: Man muss schon genau hinschauen, zielen eben, um das Ziel auch wirklich zu treffen. Und was bietet sich heutzutage nicht alles als Ziel an: Sekten versprechen Glück von irgendwelchen UFOs, die im Schweif eines Kometen durch das All rasen. Junge Menschen haben ihr Leben für diese Wahl gelassen. – Die Werbung verspricht uns Glück, wenn wir das richtige Bier trinken, das intensivste Deo benutzen und im schicksten Auto fahren. Aber ist das schon erfülltes Leben? Oder nicht doch bloß vergänglicher Trug und Schein?
Nein, man muss schon gut zielen, auch und gerade in Glaubensdingen. Dazu braucht es eine ruhige Hand und ein sicheres Auge. Und das haben die Christen. Denn wir schauen nicht voraus in eine ungewisse Zukunft und hören nicht auf irgendwelche Scharlatane. Sondern wir folgen einem nach, der uns vorausgegangen ist: Jesus Christus.
In Jesus Christus ist Gott uns Menschen ganz nahe gekommen, hat mit uns gelebt und für uns gelitten. Jesus Christus ist von den Toten auferstanden und ist uns vorausgegangen in ein neues Leben bei Gott. Das ist das Ziel, das auch wir vor Augen haben. Nichts Vages, Ungewisses, sondern eine ganz konkrete, glaubwürdige Hoffnung. An Jesus Christus ist das zu sehen.
„Wer da glaubt und getauft wird, der wird selig werden" – das wird uns in jedem Gottesdienst zugesprochen. Und das gilt. Ein Christenleben wird an sein Ziel kommen, darauf können wir uns verlassen. Das hat Gott selbst versprochen und an Jesus Christus gezeigt.

Liebe Schützen,
ich wünsche Ihnen und Ihrem Verein viel Erfolg und Freude. Mögen Sie immer ins Schwarze treffen. Beim Wettkampf auf die Scheibe und auch, wenn es darum geht, das Ziel Ihres Lebens zu erreichen.
Amen.

Andachten

Übergabe eines Löschfahrzeuges
Dirk Acksteiner

Die Lesung steht beim Propheten Jesaja im 43. Kapitel:

So spricht der HERR, der dich geschaffen hat:
Fürchte dich nicht, denn ich habe dich erlöst,
ich habe dich bei deinem Namen gerufen, du bist mein!
Wenn du durch Wasser gehst, will ich bei dir sein,
dass dich die Ströme nicht ersäufen sollen,
und wenn du ins Feuer gehst, sollst du nicht brennen,
und die Flamme soll dich nicht versengen.
Denn ich bin der HERR, dein Gott, der Heilige Israels,
dein Heiland.

HERR, segne unser Reden und Hören durch deinen Heiligen Geist. Amen.

Liebe Feuerwehrmänner, liebe Gäste!
Jedes Kind weiß, wann die Feuerwehr gebraucht wird. Wenn es brennt, in den Häusern oder Fabriken, auf der Straße, im Wald.
Und wenn scheinbar das Gegenteil der Fall ist. Wenn nämlich nicht zu wenig, sondern zu viel Wasser da ist und Straßen und Keller überflutet werden.
Dazu kommen noch viele andere Einsatzgebiete der Feuerwehr – aber die stehen nicht so sehr im Blick der Öffentlichkeit wie die Hilfeleistung im Falle von Feuer oder Wasser.

Und nun lesen wir in der Bibel:
„Wenn du durch Wasser gehst, will ich bei dir sein,
dass dich die Ströme nicht ersäufen sollen;
und wenn du ins Feuer gehst, sollst du nicht brennen,
und die Flamme soll dich nicht versengen."
Wie kommt das, dass Feuerwehrleute sich in Gefahr begeben, um anderen Menschen zu helfen und dabei selbst nicht zu Schaden kommen? Wie können Sie einen Dienst tun, bei dem jeder „Normalbürger" hoffnungslos verloren wäre?

Zum einen, weil Sie die notwendige Ausbildung erworben haben. Bevor einer bei der Feuerwehr zum Einsatz kommt, muss er die Kenntnisse erwerben, die notwendig sind, um das Leben von Menschen in Not, das Leben der Kameraden und das eigene Leben zu schützen. Eine solide Ausbildung ist die Voraussetzung – und dann heißt es üben, üben, üben, immer wieder.

Zum zweiten steht Ihnen bei der Feuerwehr modernes Gerät zur Verfügung, das ständig weiterentwickelt wird und so heute schnelle Hilfe ermöglicht, wo man noch vor wenigen Jahren vor unlösbaren Problemen stand. Bei vielen Verkehrsunfällen könnten Sanitäter und Notarzt nichts tun, würde nicht die Feuerwehr die Verletzten erst einmal aus dem Unfallwagen befreien.
Auch Ihr neues Löschfahrzeug, das wir heute seiner Bestimmung übergeben, gehört zu dieser Ausrüstung, die Leben retten kann.

Qualifiziertes Wissen und modernes Gerät sind aber nicht alles. Nicht selten entscheiden bei Ihrer wichtigen Aufgabe nur Sekunden über Leben und Tod. Und vielleicht gibt es auch unter Ihnen manche, die nicht genau sagen können, warum sie von einem riskanten Einsatz mit heiler Haut zurückgekehrt sind. „Glück gehabt," ist die eine Antwort, die man in so einem Fall geben kann.

Wir Christen sehen da jedoch weiter und tiefer. Wir glauben, dass wir keinen Tag unseres Lebens allein aus eigener Kraft sein könnten. Gott, unser Schöpfer, sorgt dafür, dass wir in der Nacht ruhig schlafen und am Morgen wohlbehalten aufstehen. Der allmächtige Gott hält seine schützende Hand über unser Leben.

Das gilt in unserem Alltag, und das gilt erst recht in Momenten der Not und der Gefahr. Wer sein Leben riskiert für den Schutz anderer Menschen, so wie Sie es bei der Feuerwehr tun, kann sicher sein, dass Gott ihn dabei begleitet. Ob Sie durch Feuer oder durch Wasser gehen: Gott ist bei Ihnen! Gott geht mit!

Die Feuerwehr ist ein Segen für die Menschen. Und wer bei der Feuerwehr Dienst tut, steht unter dem Schutz und Segen Gottes.
Möge Ihr neues Löschfahrzeug Ihnen bei Ihrem segensreichen Einsätzen eine zuverlässige Unterstützung sein! Und möge Gottes Segen auf Ihnen und Ihrer Ausrüstung ruhen!

Amen.

Andachten

in der Schule
Dirk Aksteiner

Lesung: Mt. 11, 28-30
Jesus Christus spricht: „Kommt her zu mir, alle, die ihr mühselig und beladen seid, ich will euch erquicken.
Nehmt auf euch mein Joch und lernt von mir, denn ich bin sanftmütig und von Herzen demütig, so werdet ihr Ruhe finden für eure Seelen.
Denn mein Joch ist sanft und meine Last ist leicht."
– Wort der Heiligen Schrift –

Auslegung
Liebe Festgäste!
„Kommt her zu mir, alle, die ihr mühselig und beladen seid…", dieses Wort in einer Schule, da muss ich unwillkürlich an die Schüler denken, die tagtäglich hier ein- und ausgehen:
An die Grundschüler, die schwer beladen mit einem Schulranzen, der nicht viel kleiner ist als sie selbst, mit Stolz, dass sie jetzt endlich in der Schule sind, ihre Wege gehen.
Und an die Hauptschüler, bei denen diese erste Begeisterung für die Schule längst verflogen ist und die sich müde und erschöpft auf den Heimweg machen. Zwar mit keinem überproportional großen Schulranzen mehr, aber dafür nach sechs manchmal schweren Stunden oder gar nach dem Nachmittagsunterricht. Einige auch mit belastenden Zensuren in der Tasche. „Wie sag, ich's meinen Eltern dieses Mal…?"

„Kommt her zu mir, alle, die ihr mühselig und beladen seid…", auch so manche Lehrerin und so mancher Lehrer hat seine Mühe in diesem Haus. Ob wir uns das Lehrerdasein wohl so vorgestellt hatten, als wir diesen Beruf wählten?

Doch wollen wir nicht weiter jammern und im Trüben fischen. Heute soll ja gefeiert werden! Freude ist angesagt, Erquickung statt Erschöpfung: „Kommt her", fordert uns Jesus auf, „legt eure Lasten bei mir ab. Macht es euch nicht schwerer als es ist. Ihr sollt aufrecht gehen können und Freude haben an eurem Leben! Ich will euch erquicken, erfrischen, stärken, munter machen, beleben, anregen." Auch so kann Schule sein – herrlich!

Jesus macht uns ein Angebot und wir wären dumm, würden wir nicht darauf eingehen. Also: Wie kommen wir zu diesem munteren, frischen, anregenden Leben? Ganz so wie in der Schule, denn Jesus sagt: Lernt von mir! Schaut her, wie ich es mache, wie ich lebe; und dann wird euch eure Last leicht. Lernt von mir!"

So wie ein richtig moderner Pädagoge spricht Jesus da: Lernen an der Person ist angesagt, an der Person Jesu nämlich. Nicht bloß Bücher lesen und etwas einpauken, sondern ganzheitliches Lernen ist dran. Lernen mit Kopf, Herz und Hand. Wir haben ein lebendiges Gegenüber, von dem wir lernen können: Jesus Christus.

Auf Dreierlei sollten wir unser Augenmerk dabei besonders richten:

- Sanftmut können wir von Jesus lernen. Sanftmut ist selten geworden in unseren Tagen. Auf ein paar dreißig Fernsehkanälen herrscht statt dessen das Faustrecht. „Ellenbogen einsetzen", nicht „Rücksichtnahme" heißt die Botschaft. Macht und Geld regieren die Welt. Von Lieschen Müller bis zum Zentralbankrat der Deutschen Bundesbank wird heute jeder durch die Nachrichten mit Börsen- und Devisenkursen versorgt; anscheinend hängt davon unser Schicksal ab... – Wer von Jesus lernt, lernt etwas anderes: Sanftmut und Freundlichkeit, Herzlichkeit und Güte, Liebenswürdigkeit, Anteilnahme und Hilfsbereitschaft.

Ich bin von Herzen demütig, sagt Jesus von sich. Mit unserer Demut ist es dagegen oft nicht weit her: Wir haben doch Rechte! Wir haben doch Ansprüche! Wir sind doch wer! Das sollen die anderen gefälligst akzeptieren. – Werden Lehrer von Schülern und von Eltern ernst genommen in ihrer Aufgabe? Werden sie geachtet und unterstützt? Werden anders herum Schüler und Eltern von den Lehrern wahrgenommen, mit ihren Bedürfnissen und Anliegen? – Wir verlieren uns in der Schule und anderswo nicht selten in Rangeleien und Rangstreitigkeiten, die uns viel Kraft rauben und am Ende wenig bringen. Das müsste nicht sein, denn in einem christlichen Haus ist an sich klar, wer der Herr im Haus ist. Nicht die
- Lehrer, nicht die Schüler, nicht die Eltern, auch nicht der Rektor. In einem christlichen Haus ist Gott der Herr, Gott allein. Wo die Demut vor Gott an erster Stelle steht, findet menschliche Autorität ihren rechten Ort. Wer in Treue zu Gott ergeben lebt, der kann menschliche Autorität ausüben, ohne sie zu missbrauchen, der kann menschliche Autorität anerkennen, ohne sie zu neiden.

Wer bereit ist, von Jesus zu lernen, der wird Ruhe finden für seine Seele.... Wir leben in einer hektischen Zeit. Schneller, höher, weiter, billiger, besser, effektiver – das bestimmt unser Denken, unser Reden und Handeln in allen Lebensbereichen. Der Schüler von heute muss (am besten gleichzeitig) Flöte, Geige und Fußball spielen; wenn nebenbei noch fremdsprachige Konversation betrieben werden kann, soll das von Vorteil sein. Der Lehrer von heute ist Fachwissenschaftler, Pädagoge, Psychologe und Sozialarbeiter in einer Person, gute Allgemeinbildung wird sowieso vorausgesetzt. – Ruhe für die Seele, Zufriedenheit und Einkehr haben Schüler wie Lehrer bitter nötig. Das Glück des Lebens wird nur jemand finden, der auch zu sich selbst gefunden hat, der vor sich selbst nicht mehr davonzulaufen braucht und der nicht ständig hinter irgend etwas herjagt. Gott schenkt uns die Chance abzulegen, was uns belastet. Jesus Christus können wir anvertrauen, was uns Mühe macht.

Der christliche Glaube ist eine Botschaft von der Freiheit, ein sanftes Joch, eine leichte Last, verglichen mit dem, was wir sonst zu bewältigen haben in unserem Leben. Ein Glaube, der zu Sanftmut und Demut führt, der die Seele zur Ruhe kommen lässt wird ein Segen sein, für den einzelnen Gläubigen, für die Gesellschaft, für die Welt, in der wir leben.
Jesus Christus spricht: „Kommt her zu mir, alle, die ihr mühselig und beladen seid, ich will euch erquicken." – Das wollen wir lernen und lehren. Amen.

Andachten

Gedenken an die Verstorbenen
Dirk Acksteiner

Wir hören einige Verse aus Psalm 90 (1-4.12-14):

„Herr, du bist unsere Zuflucht für und für. Ehe denn die Berge geschaffen wurden und die Erde und die Welt geschaffen wurden, bist du, Gott, von Ewigkeit zu Ewigkeit. Der du die Menschenkinder lässest sterben und sprichst: Kommt wieder, Menschenkinder! Denn tausend Jahre sind vor dir wie der Tag, der gestern vergangen ist, und wie eine Nachtwache. Lehre uns bedenken, dass wir sterben müssen, auf dass wir klug werden. Herr, kehre dich doch endlich wieder zu uns und sei deinen Knechten gnädig! Fülle uns frühe mit deiner Gnade, so wollen wir rühmen und fröhlich sein unser Leben lang."

Liebe Angehörigen unserer verstorbenen Gemeindeglieder,
liebe Gemeinde!

Heute, am Ewigkeitssonntag (der auch „Totensonntag" genannt wird), werden einige von Ihnen noch einmal sehr tief nachempfinden und nacherleben, was sie erlitten haben als sie von einem lieben Menschen Abschied nehmen mussten. Vielleicht ist Ihnen der Abschiedsschmerz inzwischen sogar noch bewusster geworden. Vielleicht können Sie heute aber auch das Begräbnis von damals in einem anderen Licht sehen und sich aus dem Bann von Tod und Traurigkeit schon ein wenig lösen.
Wir Christen glauben, dass das Leben mit dem Tod nicht einfach beendet ist, sondern dass wir – auch über den Tod hinaus – eine Zukunft haben, eine Zukunft bei Gott und in Gott.

Wenn wir uns nun an die Menschen erinnern, die im vergangenen Kirchenjahr aus unserer Mitte verstorben sind, dann ist das ein Ausdruck der Trauer: Menschen, die wir gekannt haben, denen wir verbunden waren, die wir geliebt haben, sind von uns gegangen.

Sie fehlen uns.

Wir wollen aber über unserem Schmerz die Hoffnung nicht vergessen, die uns der Glaube an den auferstandenen Herrn schenkt. Im Tod und im

Leben dürfen wir wissen, dass nichts und niemand verloren ist oder vergessen. Unsere Verstorbenen und wir selbst sind bewahrt und gehalten in Gottes guten Händen. –
Jesus Christus spricht: „Ich bin das Licht der Welt. Wer mir nachfolgt, der wird nicht wandeln in der Finsternis, sondern wird das Licht des Lebens haben." Joh. 8, 12

Als Zeichen dafür, dass Jesus Christus das Licht des Lebens ist, dem auch der Tod nichts anhaben kann, wollen wir nun an unsere Verstorbenen denken und für jeden von ihnen eine Kerze anzünden:

Namen und Alter verlesen.

Dazu Kerzen anzünden und unter das Kreuz stellen.

(Schluss:)

Diese Kerze soll brennen für alle Verstorbenen, die jetzt nicht genannt wurden, die wir aber gekannt haben und an die wir uns erinnern. (Kerze)

Jesus Christus spricht: „Ich bin die Auferstehung und das Leben. Wer an mich glaubt, der wird leben, auch wenn er stirbt; und wer da lebt und glaubt an mich, der wird nimmermehr sterben." Joh. 11, 25f

Musik

BRIEFE

Briefe

Gedicht
Reinhard Grebe

Zeit

Vergangene Zeit
verströmt und verrinnt, – wohin?
Ins ewige Meer.

Gegebene Zeit,
zwölffach aufs Neue geschenkt,
gesegnet von Gott.

Zukünftige Zeit,
gewollt von dem, der sie schuf:
Wir schauen ins Licht.

Briefe

Tauferinnerungsgottesdienst
Volkmar Gregori

Liebe Eltern und Paten!

„Im Erinnern, in aus-gesprochener Dankbarkeit werden Ereignisse und Erfahrungen erst angeeignet und gewinnen an Bedeutung."

Taufe ist eines der wichtigsten Ereignisse im Leben des Christen. Sie stellt immer wieder klar, dass vor allem, was wir tun, die „Liebeserklärung Gottes" steht:
„Fürchte dich nicht, denn ich habe dich erlöst!
Ich habe dich bei deinem Namen gerufen:
du bist mein!"

Ein Weg gegen die Vergessenheit der Taufe ist die Tauferinnerung. Deshalb feiern wir am Muttertag, dem……., in der N.N.kirche einen Familiengottesdienst mit Tauferinnerung. Er beginnt um 9.30 Uhr.

Dazu möchten wir die Kinder, die vor fünf Jahren getauft wurden, zusammen mit ihren Angehörigen einladen. Nach unseren Unterlagen gehört Ihr Kind………… dazu.

In diesem Gottesdienst werden wir für Ihr Kind beten, an seine Taufe erinnern, es segnen und ihm ein Geschenk
überreichen. Die Gemeinde der Getauften wird auf ihre Verantwortung den Getauften gegenüber angesprochen.

Es wäre schön, wenn auch Sie bei diesem Familiengottesdienst dabei wären.

In der herzlichen Verbundenheit unseres Glaubens!

Ihr

Briefe

Tauferinnungsgottesdienst
Hans Körner

Liebe/r.............!

Was ein Geburtstag ist, das weißt Du schon längst: Du bist wieder ein Jahr älter geworden. Das wird gefeiert und Du bekommst Geschenke.
Es gibt aber auch noch einen anderen wichtigen Tag, den man jedes Jahr feiern kann: Es ist der Tauftag. Bei Dir waren es am....................... Jahre, dass Du getauft wurdest. Bei Deiner Taufe haben Deine Eltern und Paten Dich zu Jesus gebracht. Sie haben zu ihm gebetet, dass Jesus Dich jetzt durchs Leben begleiten soll. Und Jesus hat das damals versprochen, dass er es tun will.
Mittlerweile bist Du schon richtig groß geworden und Jesus ist Dir treu geblieben.
Im Gottesdienst am............... wollen wir gemeinsam Deinen Tauftag feiern. Der Gottesdienst beginnt um... Uhr. Du wirst dort gesegnet und auch ein Geschenk wirst Du erhalten.
Natürlich sind auch Deine Eltern und Paten eingeladen. Wir freuen uns auf Euch alle. Wir möchten, dass Dein Tauftag richtig interessant wird.

Herzliche Grüße!

Dein Pfarrer und das Kindergottesdienst-Team

Briefe

1. Tauftag
Dirk Acksteiner

Liebe Eltern!

Vor einem Jahr ist Ihr Kind getauft worden. Erinnern Sie sich noch daran, wie das war? Die Lieder, die Predigt, als alle um den Taufstein standen, das Wasser, die Kerzen… Eine dieser Kerzen haben Sie mit nach Hause bekommen – die Taufkerze Ihres Kindes. In der Kirche wurde sie an der Osterkerze entzündet, dem Symbol für die Auferstehung. Jesus Christus hat von sich gesagt: „Ich bin das Licht der Welt." Wir Christen haben Anteil an diesem Licht. Wir können jederzeit, in Freude und Leid, zu Gott kommen. Gott sieht und hört, was unser Herz bewegt.
Vielleicht zünden Sie diese Taufkerze heute einmal an, nehmen Ihr Kind auf den Arm, halten inne und denken zurück an den Taufgottesdienst.

Inzwischen haben Sie einiges miteinander erlebt: Unruhige Nächte und lebhafte Tage, an den Nerven zehrendes Schreien und glückliches Kinderlachen. Aus dem hilflosen Säugling ist ein Kleinkind geworden, das nun lernt, auf den eigenen Beinen zu stehen und Stück für Stück seine Welt entdeckt.
So wie sich Ihr Kind körperlich immer weiter entwickelt, beginnt es auch, erste Schritte im Glauben zu gehen. Obwohl es noch nicht sprechen kann, ist die Art und Weise, wie Sie es versorgen, wie Sie mit ihm reden und spielen, von Bedeutung dafür, wie sich Ihr Kind später einmal den „lieben Gott" vorstellt.

Ganz wichtig – auch für die seelische Gesundheit Ihres Kindes – ist deshalb, dass in ihm Vertrauen wachsen kann. Dazu müssen Sie ihm nicht jeden Wunsch von den Augen ablesen und sofort erfüllen. Aber es fällt einem Menschen leichter, Vertrauen zu Gott zu haben, wenn er als Kind erfahren hat: „Auf meine Eltern kann ich mich verlassen. Sie geben mir zu essen, wenn es Zeit dafür ist. Sie trösten mich, wenn ich Angst habe oder mir etwas weh tut. Ich denke zwar manchmal, ich bin allein. Aber in Wirklichkeit ist immer jemand in der Nähe, der mich liebt und der für mich sorgt."

Wenn Sie mit Ihrem Kind, etwa vor dem Einschlafen, regelmäßig beten, werden Sie erleben, wie es dadurch zur Ruhe kommt und irgendwann anfängt, die Worte nachzuplappern, mitzusprechen, mitzubeten. Solche Kindergebete können sein:

„Müde bin ich, geh zur Ruh, schließe meine Augen zu.
Vater, lass die Augen dein, über meinem Bettlein sein.
Alle, die mir sind verwandt, Gott, lass ruhn in deiner Hand;
alle Menschen groß und klein, sollen dir befohlen sein."

„Kommt die Nacht, bin ich geborgen, Gott wird bei mir sein.
Ach, ich freu' mich schon auf morgen und schlaf fröhlich ein."

Neben den Paten, die bei der Taufe versprochen haben, den Glaubens- und Lebensweg Ihres Kindes zu begleiten, ist auch Ihre Kirchengemeinde weiterhin für Sie da. In der Taufe hat Gott sein „Ja" zu Ihrem Kind gesprochen. Er wird es mit seinem Segen begleiten, auf allen Wegen, die es geht.

Die Taufe ist gleichzeitig die Aufnahme in die Gemeinschaft der Christen, in die Kirche.

(Hier können Sie Ihre Gruppen und Kreise für Kinder vorstellen.)

Alles Gute und Gottes Segen für Sie und Ihr Kind!

Mit herzlichem Gruß

Ihr/e

Briefe

1. Tauftag
Johannes Steiner

Liebe Familie............!

Am...............wurde Ihr Kind getauft.
Erinnern Sie sich noch an diesen besonderen Tag für Ihr Kind und Ihre Familie? Das wäre schön.

Sicher feiern Sie den Geburtstag Ihres Kindes.
Ich möchte Sie mit diesem Brief heute dazu einladen, auch den Tauftag Ihres Kindes zu feiern.

Wie? Da gibt es viele Ideen und Möglichkeiten: Sie können die schöne Taufkerze anzünden, Ihrem Kind vom Tauftag erzählen und dabei Fotos anschauen.

Wenn Sie ein richtiges Fest feiern wollen, dann laden Sie doch auch die Paten zum Erinnerungstag an die Taufe ein.
Als kleine Hilfe habe ich Ihnen einen Vorschlag zur Feier des Tauferinnerungstages beigelegt. Sie finden ihn aber auch in Ihrem Gesangbuch auf der Seite 1389, Nr. 811.

Probieren Sie es doch mal aus mit Ihrem Kind! Es macht sicher viel Freude, sich gemeinsam an diesen Tag zu erinnern. Und Sie lassen damit auch Ihr Versprechen wahr werden, dass Sie Ihr Kind zum Glauben führen wollen.

Ich denke gerne an die Taufe von..................zurück und wünsche Ihnen und Ihrem Kind, Ihrer ganzen Familie für den weiteren Weg Gottes Segen und seinen Schutz!

Mit herzlichen Grüßen!

Briefe

1. Tauftag
Dirk Grießbach

Brief zum ersten Tauftag (am besten gemeinsam zu lesen von beiden Eltern bei angezündeter Taufkerze)

Liebe Eltern von............. !
Vielleicht haben Sie es ganz vergessen: Heute vor einem Jahr wurde Ihr/e.................... in der Taufe dem dreieinigen Gott anvertraut.

Seitdem haben Sie an Ihrem Kind immer wieder Erstaunliches beobachtet. Erst reckte sich das kleine Hälschen hoch, dann begann das Krabbeln und vielleicht freuen Sie sich inzwischen schon über die ersten wackligen Schritte, mit denen Ihr Kind Ihnen entgegenläuft.

Es ist immer wieder faszinierend, wie viel Vertrauen ein kleines Kind seinen Eltern entgegenbringt. Es weiß: „Die Arme meiner Eltern fangen mich auf." Es strahlt die Eltern an, wenn es sich morgens am Bettgeländer emporräkelt. Es genießt, wenn es der Vater zärtlich an sich drückt und schnell sind seine Tränen gestillt, wenn ihm die Mutter tröstend über das kleine Köpfchen streicht. Ohne die liebevolle Nähe der Eltern, ohne eine Bezugsperson, der man vertrauen kann, würde eine kleine Kinderseele verkümmern und Schaden nehmen. Grenzenloses Vertrauen zu den Eltern, sich geborgen wissen, das macht ein Kind glücklich.

Ein kleines Kind ist für uns Erwachsene wie eine Predigt. Wir werden erinnert an ein Wort von Jesus: „Wer das Reich Gottes nicht empfängt wie ein Kind, der wird nicht hineinkommen." In einer modernen Übersetzung lautet dieser Satz: „Wer nicht wie ein kleines Kind voller Vertrauen zu Gott kommt, dem bleibt das Reich Gottes verschlossen." (Markusevangelium, Kapitel 10, Vers 15). Von dem Vertrauen eines kleinen Kindes zu uns, können wir Erwachsenen also lernen, was Vertrauen zu Gott, unserem Vater, bedeuten kann.

Beten Sie doch für Ihr Kind. z. B. so: „Vater im Himmel, hilf, dass unser Kind dich einmal lieb gewinnt. Hilf, dass wir lernen, dir zu vertrauen, wie unser Kind uns vertraut. Behüte unser Kind." Sagen Sie Ihrem Kind schon bald: „Gott hat dich lieb!"

Ich wünsche Ihnen einen frohen ersten Tauftag. Gott, der beste Vater, den es gibt, der segne und behüte Ihr kleines Kind. Er gebe viel gegenseitige Liebe, damit Ihr Kind in einer Atmosphäre des Vertrauens aufwachsen kann.

Ihr/e

Briefe

Schulanfang
Thomas Schwab

Liebe/r N.N.!

Heute beginnt also nun für Dich die Schulzeit. Das ist eine aufregende Sache. So viel Neues gibt es da: Lehrer/innen und andere Kinder, ein Klassenzimmer und einen Schulhof, Rechenaufgaben, Lesebücher und Schreibhefte. Und natürlich auch Hausaufgaben.
Du freust Dich sicher darauf. Aber vielleicht hast Du auch ein bisschen Angst. Dann denke daran: Du bist nicht allein. Ich wünsche Dir jedenfalls, dass Du gerne in die Schule gehst und unter Deinen Mitschülern gute Freunde findest.

Gott behüte Dich in Deiner Schulzeit!

Dein/e

Briefe

18. Geburtstag
Reinhard Grebe

Grüß Dich

Hoffentlich darf ich noch „Du" sagen – bei 18 Jahren.
Doch ich denke, wir kennen uns schon so lange, dass Du Dich sogar über ein „Sie" wundern würdest und Dir denken würdest: Was ist denn mit dem los?

Ich freu mich mit Dir: Einmal darüber, dass Du heute Dienen 18. Geburtstag feierst mit vielen Leuten, die Du magst; zum anderen darüber, dass Dir dieses Datum doch wohl einiges Kopfzerbrechen bereitet hat. Du hast viele Fragen, das weiß ich.
Du brauchst keine Sorge zu haben: Ich werde Dir nicht Deine Volljährigkeit, Berechtigung zur Wahl, usw. usw. unter die Nase reiben. Nein, mein Beitrag zu Deinem Geburtstag soll der Versuch sein, Dir eine Antwort zu geben auf Deine Fragen nach dem Glauben – nur ein Versuch, nur ein Ausschnitt.

Du suchst und fragst. Du gehörst nicht zu denen, denen alles wurscht ist; Du suchst nach einem Zugang zu dem Sinn Deines Lebens. Dir gehen festgefahrene kirchliche Denkmodelle auf die Nerven. Übrigens, nicht nur Dir! Du möchtest mit Deinen 18 Lenzen eine Ecke haben, wo Du hingehörst. Du möchtest geborgen sein. Du möchtest glauben.
Hier ein Einstieg, eine Möglichkeit, an den Kern der Sache heranzukommen: Vor kurzem hatte ich eine Begegnung mit einem jungen Mann. So um die Zwanzig wird er alt sein. Er kam nach einem Vortrag zu mir und stellte verschiedene Punkte meiner Überlegungen in Frage. Sein gutes Recht. Nur dann verspielte er mit einem Schlag alle Trümpfe. Er sagte: „Ich glaube übrigens nur an das, was ich sehe!" Siegesgewiss sein Lächeln. Er hatte es mir gegeben. Meinte er.

„Du glaubst also nur an das, was du siehst", hakte ich nach. „Klar", entgegnete er. Neben ihm stand seine Freundin. Beide wollen bald heiraten. „Du glaubst, dass deine Freundin dich liebt", fragte ich ihn. „Aber sicher doch", meinte er und drehte sich nach ihr um. „Ihre Liebe kannst du aber nicht sehen, auch deine nicht", musste ich ihn ernüchtern. „Sehen kannst du höchstens die Auswirkungen, aber nicht die Liebe selbst. Liebe ist unsichtbar, genau wie der Hass. Auch bei ihm siehst du nur die Auswirkungen, ihn selbst aber nicht.

Du sagst, dass Du lebst. Dein Leben, siehst du es? Es erfüllt dich. Aber du siehst es nicht. Weder kannst Du es chemisch nachweisen, noch kannst du es sichtbar werden lassen. Und doch ist es da und macht dich kostbar als eigenständige Person." – Sein Blick traf mich irritiert, fast zornig. „Lass uns gehen", sagte er zu seiner Freundin. Er war verunsichert. Vielleicht dadurch auch ein wenig geöffnet?

Mit dem, den wir Gott nennen, ist das genauso: Diese unheimlich große schöpferische und liebende Kraft ist in unseren Dimensionen nicht sichtbar, aber spürbar! Du merkst sehr schnell beim Zusammensein mit anderen Menschen, welcher Geist weht! Die Auswirkungen sind die Nagelprobe: Wärme, Liebe, Geborgenheit, Vergebung – Markenzeichen Gottes. Herrschsucht, Brutalität, Hass, Egoismus – Markenzeichen des Gegenspielers. Die Bibel nennt ihn den Satan.

Ich denke, wir werden uns bald wieder treffen, um diesen ersten Einblick miteinander zu erörtern.

Für heute noch einmal alle guten Wünsche für Deinen Festtag.
Auf baldiges Wiedersehen, Gott behüte Dich,

Dein/e

Briefe

18. Geburtstag
Thomas Schwab

Liebe..............!

Zu Deinem 18. Geburtstag gratuliere ich Dir ganz herzlich und wünsche Dir alles Gute, Gesundheit und Gottes reichen Segen.

So ein 18. Geburtstag ist ja ein besonderer Einschnitt. Nun bist Du endlich ganz erwachsen. Du darfst wählen gehen, mit dem Auto fahren, Du bist „frei" und „unabhängig" und brauchst Dich nicht mehr von anderen bestimmen zu lassen. Das ist ein Grund zur Freude und vielleicht auch ein lang ersehnter Augenblick für Dich.

Auf der anderen Seite aber ist dieser Einschnitt natürlich auch mit neuen Fragen, Hoffnungen und Wünschen verbunden. Was wird die Zukunft bringen? Wie gehe ich mit der neuen Verantwortung um? Vielleicht erinnerst Du Dich noch an Deine Konfirmation am............. Damals wurde Dir Gottes Segen zugesprochen, verbunden mit Deinem Konfirmationsspruch:......

Vielleicht hat Dich dieses Bibelwort schon ein paar Jahre begleitet. Ich wünsche Dir, dass es Dich auf Deinem weiteren Lebensweg begleiten und Du Gottes Segen erfahren mögest.
Gott befohlen und nochmals alles Gute!

Briefe

18. Geburtstag
Volkmar Gregori/Hans Körner

Zu Ihrem 18. Geburtstag gratulieren wir Ihnen herzlich.
Wir wünschen Ihnen in Ihrem neuen Lebensjahr Gottes reichen Segen.

Der 18. Geburtstag ist ein besonderer Einschnitt. Sie sind nun volljährig. Neue Möglichkeiten stehen Ihnen offen. Ihre Volljährigkeit erfordert aber auch Überlegungen von Ihnen, die Sie bisher vielleicht nicht in dieser Weise beschäftigten:
Nach welchen Maßstäben gestalte ich mein Leben? Woher bekomme ich Orientierung?

Eine Orientierungshilfe möchten wir Ihnen empfehlen. Dazu eine kleine Geschichte:
„In der Nähe einer kleinen Insel im Stillen Ozean war ein Schiff auf eine Sandbank gelaufen. Die Besatzung wurde durch Eingeborene gerettet. Sie führten den Kapitän in die Hütte des Häuptlings. Der Seemann staunte nicht schlecht, als dort ein Buch lag. Er nahm es in die Hand. Es war die Bibel. Laut fing der Kapitän an zu lachen und rief: ‚Na, haben euch die Missionare auch schon ihren frommen Bären aufgebunden?‘, Da sagte der Häuptling: ‚Kapitano, dieses Buch hat euch heute gerade das Leben gerettet.‘, ‚Wieso?‘, fragte der Kapitän. Der Häuptling antwortete: ‚Bevor dieses Buch in unsere Hütten kam, blieb kein Schiffbrüchiger, der diese Insel betrat, am Leben. Vorher hätten wir euch getötet. Die Bibel hat uns klar gemacht, was ein Leben wert ist.‘"

Damit Sie nicht eines Tages mit Ihrem Leben Schiffbruch erleiden, möchten wir Sie einladen, am christlichen Glauben, wie er uns in der Bibel begegnet, fest zuhalten: Ihr Leben erfährt durch Gottes Wort Aufwertung und lohnenswerte Perspektiven.

In der herzlichen Verbundenheit grüßen wir Sie noch einmal zu Ihrem 18. Geburtstag. Gott segne Sie!

Ihr(e)

Briefe

40. Geburtstag
Thomas Schwab

Liebe/r...............!

Sie feiern in diesen Tagen Ihren 40. Geburtstag. Dazu gratuliere ich Ihnen ganz herzlich. Ich wünsche Ihnen alles Gute, Gesundheit und Gottes Segen.

So ein 40. Geburtstag ist ja auch ein Einschnitt. Sie blicken sozusagen in der Mitte des Lebens zurück, aber auch nach vorne. Das ist sicherlich Grund genug, dankbar zu sein für viele gute und schöne Stunden.

Vielleicht sehen Sie aber mit gemischten Gefühlen in die Zukunft und fragen sich, was die „zweite Hälfte des Lebens" so an Freude oder Leid bringen wird.

Der Gottesdienst zur Silbernen Konfirmation vor einem Jahr, bei dem Sie teilgenommen haben, stand unter dem Bibelwort:
„Gelobt sei Gott, der mein Gebet
nicht verwirft, noch sein Güte
von mir wendet."
Psalm 66, 20.

Ich wünsche Ihnen, dass Sie auf Ihrem weiteren Lebensweg die Nähe und Güte unseres Herrn erfahren mögen.
Bitte grüßen Sie recht herzlich Ihre Familie!

Briefe

40. Geburtstag
Dirk Grießbach

(Anrede am besten handschriftlich)....

zu Ihrem 40. Geburtstag möchte ich Ihnen herzlich gratulieren. Es ist schon etwas besonderes, diesen Tag zu feiern. Mit vierzig Jahren sind viele Menschen auf dem Höhepunkt ihrer Schaffenskraft. Stolz blickt mancher auf das, was er erreicht hat: ein eigenes Heim, Anerkennung und beruflichen Erfolg. Freilich, nicht jedem geht das so. Mancher Jugendtraum blieb unerfüllt. Nicht jeder fand im Beruf das „große Glück", nicht jeder war erfolgreich. Erfolg und Misserfolg, Erreichtes und Enttäuschungen bestimmen unsere Jahre bis zur Lebenshälfte sehr stark. Aber greifen wir da nicht zu kurz? Hat mein Leben dann seinen Sinn und Zweck erfüllt, wenn ich viel erreicht habe? War es sinnlos, wenn der erhoffte Erfolg ausblieb?

Eine Stelle aus der Bibel fällt mir zu diesen Fragen ein. Im 5. Buch Mose, Kapitel 8, Verse 17 und 18 heißt es: „Du könntest sagen in deinem Herzen: Meine Kräfte und meiner Hände Stärke haben mir diesen Reichtum gewonnen. Sondern gedenke an den HERRN, deinen Gott, denn er ist's, der dir Kräfte gibt."

Meine Fähigkeiten verdanke ich Gott. Das Maß meiner Kräfte ist mir von Gott zugeteilt. Er ist es, der mir Kräfte gibt. Es ist deshalb nur recht und gut, wenn ich an einem solchen Tag wie heute nicht nur an mich denke, an meine Erfolge und auch Misserfolge. An Gott soll ich denken. Mein Leben auf ihn ausrichten. ER ist es, der mir Kräfte gibt. ER verdient dafür meinen Dank. Und ER verdient es, dass ich ihn frage: „HERR, was hast du eigentlich mit meinem Leben vor? Wozu soll ich die Begabungen, die du mir gibst, einsetzen?" ER will die, die er mir gibt, zum Segen für mich und andere gebrauchen.

Mit Vierzig hat man den Höhepunkt seiner Kraft erreicht. Allmählich wird die Belastbarkeit geringer. Allmählich lassen die geistigen und körperlichen Kräfte nach. Zunächst fast unmerklich, doch dann immer spürbarer. Mit 40 Jahren ist Halbzeit. Noch einmal 40 Jahre und unser irdisches Leben neigt sich seinem Ende zu.
Einmal werden wir vor Gott stehen und ER wird uns fragen, was wir mit den Kräften gemacht haben, die ER uns gegeben hat. Viele erschreckt

dieser Gedanke. Sie schieben ihn schnell weg und verdrängen ihn. Deshalb noch einmal an dieser Stelle: „Gedenke an den HERRN! ER ist es, der dir Kräfte gibt." Von IHM kommen noch andere Kräfte als meine Begabungen und Fähigkeiten. Unter dem Kreuz, an dem Jesus hing, kann man die Kraft der Vergebung erfahren. Seine Auferstehungskraft überwindet den Tod. Die Kraft seiner Liebe kann mein Leben verändern.

So wünsche ich Ihnen ein gesegnetes neues Lebensjahrzehnt mit Dankbarkeit für die Kräfte, die Ihnen Gott gibt und mit Vertrauen auf die Kraft, die von Jesus Christus herkommt.

Ihr/e

Briefe

50. Geburtstag
Thomas Schwab

Liebe Frau..........!

Sie feiern in diesen Tagen Ihren 50. Geburtstag. Dazu gratuliere ich Ihnen ganz herzlich. Ich wünsche Ihnen alles Gute, Gesundheit und Gottes Segen.

So ein runder Geburtstag ist ja auch ein Einschnitt. Man blickt zurück, aber auch nach vorne. Das ist sicherlich Grund genug, dankbar zu sein für viele gute und schöne Stunden. Vielleicht sehen Sie aber auch mit recht gemischten Gefühlen in die Zukunft. Man weiß ja nicht, was sie bringen wird an Frieden oder Unfrieden, Freude oder Leid.

Ich wünsche Ihnen, dass in Erfüllung gehen möge, was Sie sich erhoffen, erwarten oder vornehmen. Ich wünsche Ihnen aber auch, dass Sie erfahren mögen, was die Jahreslosung für dieses Jahr ausdrückt:

aktuelle Jahreslosung

Bitte grüßen Sie recht herzlich Ihre Familie!

Ihr/e

Briefe

60. Geburtstag
Thomas Schwab

Liebe Frau……!

Sie feiern in diesen Tagen Ihren 60. Geburtstag. Dazu gratuliere ich Ihnen ganz herzlich. Ich wünsche Ihnen alles Gute, Gesundheit und Gottes Segen.

So ein runder Geburtstag ist ja auch ein Einschnitt. Zwei Drittel des Lebens liegen hinter einem. Die Zeit der Berufstätigkeit wird bald durch den Ruhestand abgelöst werden. So blickt man zurück, aber auch nach vorne.

Das ist sicherlich Grund genug, dankbar zu sein für viele gute und schöne Stunden. Vielleicht sehen Sie aber auch mit recht gemischten Gefühlen in die Zukunft. Man weiß ja nicht, was sie bringen wird an Frieden oder Unfrieden, Freude oder Leid. Ich wünsche Ihnen, dass in Erfüllung gehen möge, was Sie sich erhoffen, erwarten oder vornehmen. Ich wünsche Ihnen aber auch, dass Sie erfahren mögen, was die Jahreslosung für dieses Jahr ausdrückt:

aktuelle Jahreslosung

Bitte grüßen Sie recht herzlich Ihre Familie!

Ihr/e

Briefe

1. Hochzeitstag
Johannes Steiner

Liebes Ehepaar................!
Herzlichen Glückwunsch zu Ihrem Hochzeitstag!

Ein Jahr liegt Ihre kirchliche Trauung nun schon (oder erst?) zurück.
Ich hoffe, dass Sie „Ihren" Gottesdienst noch in guter Erinnerung haben.

Warum ich Ihnen schreibe?
Sicher feiern Sie Ihren ersten Hochzeitstag. Es ist gut, an so einem Tag „anzuhalten" und auf das, was gewesen ist, zurückzuschauen.
Was haben Sie gemeinsam an Schönem und an Schwerem erlebt?

Vielleicht kann Ihnen bei dieser Rückschau und beim Blick in die Zukunft auch Ihr Trauspruch wieder wichtig werden. Ich habe ihn für Sie noch einmal herausgesucht!
....

Es wäre schön, wenn Sie, wie am Anfang Ihrer Ehe, auch an Ihrem ersten Hochzeitstag, Gott die Tür zu Ihrem Leben aufmachen würden. Als kleine Hilfe finden Sie dazu einige Gebete und Gedanken.

Nun wünsche ich Ihnen einen fröhlichen Hochzeitstag und Gottes Segen und die Kraft zur Liebe auf Ihrem weiteren Weg!

Mit herzlichem Gruß!

Briefe

Jubiläumstrauung
Volkmar Gregori

Sehr geehrtes, liebes Ehepaar NN!
Demnächst werden Sie ein großes Fest feiern, Ihre NN-Hochzeit. NN Jahre haben Sie einander durch das Leben geleitet, sich helfend und stärkend. Auch dazu hat Gott uns die Ehe gegeben, dass ein Ehepartner dem anderen durchs Leben hilft. Ehe ist gegenseitige Lebenshilfe.

Beim Rückblick auf Ihre gemeinsamen Jahre gibt es Stationen und Situationen, in denen Sie Lebenshilfe auch von Gott erfahren haben. Ihnen wurde bewusst: da hat Gott über mich – über uns – Flügel gebreitet; das hätte auch anders ausgehen können. Es wird auch Ereignisse in Ihrem Leben gegeben haben, bei denen Sie gar nicht mitbekommen haben, wie gefährlich sie waren. Vielleicht haben Sie es später erkannt, oder andere Menschen haben Sie darauf hingewiesen. Wenn wir mit wachen Sinnen unser Leben betrachten, entdecken wir, dass Gott uns bewahrt und geholfen hat.

War Gott bisher Lebenshelfer in Ihrer Ehe und Familie, so möchte er es auch weiterhin sein. Sie können darauf vertrauen, dass Gott Sie führt, segnet und beschützt. Jochen Klepper hat mit dem Jesajawort Kapitel 46, Vers 4, gedichtet:
„Ja, ich will euch tragen,
bis zum Alter hin.
Und ihr sollt einst sagen,
dass ich gnädig bin." (EG Nr. 380)

Ich weiß nicht, wie Sie Ihre Jubiläumshochzeit feiern wollen und welche Vorbereitungen Sie dazu treffen werden. Haben Sie auch daran gedacht, an diesem Tag mit Ihren Gästen einen Gottesdienst anlässlich Ihrer Jubelhochzeit in der Kirche zu feiern? Vielleicht möchten Sie es gerne, dass ich Sie an diesem Tag besuche und eine Andacht mit Ihnen zu Hause oder in der Gaststätte feiere?

Bitte überlegen Sie diese Vorschläge. Ich würde mich sehr freuen, von Ihnen zu hören. Gerne bin ich bereit zu einem Vorbereitungsgespräch zu Ihnen ins Haus zu kommen.

Herzliche Grüße von Ihrer Kirchengemeinde!
Ihr/e

Briefe

Totengedenken am Ewigkeitssonntag
Johannes Steiner

Verehrte, liebe Angehörige von………!
Jedes Jahr am Ewigkeitssonntag denken wir in unserer Kirche an die Menschen, die im Laufe des Jahres verstorben sind und an deren Angehörige, die Leid tragen. In Ihrem Leid und Schmerz sollen Sie erfahren, dass es einen Trost gibt, der über alle Traurigkeit hinausgeht. Wir Christen wissen, dass unsere Toten in Gottes Hand geborgen sind, dass sie auferstehen und leben werden. Wir glauben es, weil Christus es uns gesagt hat und ER als erster von den Toten auferstanden ist. Christus spricht:

„Ich bin die Auferstehung und das Leben.
Wer an mich glaubt, der wird leben, auch
wenn er stirbt"
(Johannes 11, 25).

Ich wünsche Ihnen diesen Trost und die Hoffnung, die aus diesem Wort kommt. Daher lade ich Sie und Ihre Angehörigen im Namen unserer Kirchengemeinde ganz herzlich zum Gottesdienst am Ewigkeitssonntag, den……………um………… Uhr, ein.

Ich werde in diesem Gottesdienst die Verstorbenen beim Namen nennen, sie ins Fürbittengebet einschließen und für jeden eine Kerze entzünden, die Sie als die Angehörigen dann mit nach Hause nehmen können.

Mit freundlichen Grüßen
Ihr

Briefe

Totengedenken am Ewigkeitssonntag
Thomas Schwab

Liebe Frau……!
Sie haben im letzten Kirchenjahr einen lieben Angehörigen verloren. Sein Tod hat eine Wunde in Ihr Leben gerissen und sicher ist die bis heute nicht verheilt. Trauer braucht ihre Zeit, oft eine lange und mühselige Zeit.

Tränen und Sorgen bestimmen die Tage. Vieles sieht dunkel und düster aus. Die Zukunft liegt wie im Nebel verschwommen.

„Mit aufrichtiger Anteilnahme" oder „Herzliches Beileid" war auf den Karten gestanden. Und die Anteilnahme hat Ihnen vielleicht ein wenig über die ersten schweren Tage geholfen. Aber abnehmen hat Ihnen die Trauer niemand können. Wo ist da bloß ein Trost,? Wo ist Hilfe? Ich weiß nicht, ob Sie so gefragt haben. Und ich weiß auch nicht, ob Gott für Sie in diesen Tagen als Trost und Hilfe greifbar genug war. Ich wünsche Ihnen, dass Sie von Gottes Licht ein Hoffnungsschimmer erreicht hat, Kraft für einen kleinen Schritt, vielleicht nur für den nächsten Tag.

Christen gedenken seit altersher ihrer Verstorbenen und es ist ein guter Brauch, dies im Gottesdienst zu tun.

Am……., dem letzten Sonntag im Kirchenjahr, dem Ewigkeitssonntag, wollen auch wir unserer verstorbenen Gemeindeglieder gedenken, zunächst im Gottesdienst und dann am Friedhof. Wir wollen ihre Namen noch einmal nennen und sie in unser Gebet einschließen, für uns zur Erinnerung und um sie Gott noch einmal ans Herz zu legen.
Unsere Trauer über den Verlust und unsere Hoffnung auf ein Wiedersehen, beides soll in diesem Gottesdienst einen Platz finden.

Ich lade Sie ein, an diesem Sonntag mit Ihrer Familie in den Gottesdienst zu kommen. Nein, eigentlich lade nicht ich Sie ein:
Ich schreibe Ihnen nur diesen Brief. Gott selbst lädt Sie ein, der an Ihrer Trauer Anteil nimmt und der Sie in die Zukunft begleiten will bis hin zur Ewigkeit.

Gott selbst lädt Sie ein, dem der Schmerz und die Trauer nicht fremd sind und der für uns den Tod besiegt hat.

Herzliche Grüße

Briefe

1. Todestag
Dirk Grießbach

Liebe……!

Ein Jahr ist es nun schon wieder her, dass Sie einen liebgewordenen, vertrauten Menschen verloren haben. Heute, am ersten Todestag, wird Ihnen dieser Verlust wohl besonders schmerzlich vor Augen stehen.

Wahrscheinlich führt Sie in diesen Tagen Ihr Weg auf den Friedhof. Lassen Sie mich in Gedanken ein wenig mit Ihnen gehen!

Am Grabstein fällt Ihr Blick auf den vertrauten Namen. Wie viel mögen Sie mit dem Menschen erlebt haben, der diesen Namen trug? Ein Mann der frühen Christenheit, Hieronymus, sagte einmal: „Wir wollen nicht trauern, dass wir sie verloren haben, sondern dankbar sein dafür, dass wir sie gehabt haben."
Neben dem geliebten Namen steht auf dem Grabstein das Kreuz. Damals vor etwa 2000 Jahren gab Gott seinen Sohn her, aus Liebe zu uns, so bezeugt die Bibel. Auch wenn Gott mir am Grab den Schmerz der Trauer zumutet, so sagt mir das Kreuz: „Gott hat dich lieb". Auch wenn mir meine Empfindungen etwas ganz anderes einreden, dennoch steht da das Kreuz. Wie ein Leuchtturm in dunkler, stürmischer Nacht gibt es mir ein Orientierungszeichen: „Lass dich nicht vom Dunkel in den Bann ziehen. Gott liebt dich! Deutlicher und dauerhafter konnte er es dir nicht zeigen als am Kreuz."

Danach wandert der Blick vom Grabstein auf das bepflanzte Grab. In der Erde hat der Tod sein Werk. Doch oben auf dem Grab blühen die Blumen. Was für ein Gleichnis!

Seitdem Jesus vom Tod auferstand, hat der Tod nicht mehr die Oberhand. Gott will, dass uns bei ihm einmal das Leben blüht, das ewige Leben, „droben" in seiner ewigen Welt. Jesus Christus wirbt um unser Vertrauen. Er macht uns ein unvergleichliches Angebot: „Ich bin die Auferstehung und das Leben, wer an mich glaubt, der wird leben, auch wenn er stirbt."

Vielleicht gehen Sie mit diesen Gedanken getröstet nach Hause. Dennoch: Auch der Schmerz kann wiederkehren, manche Träne mag noch über Ihr Gesicht fließen. Gott mutet uns manches Leiden zu. Ein früherer bayrischer Bischof sagte einmal: „Gott hilft uns nicht am Leiden vorbei, aber er hilft uns hindurch!" Wenn der Schmerz unsere Gedanken lähmt, können wir beten:

„Gib mir Kraft für einen Tag!
Herr, ich bitte dich für diesen,
dass mir werde zugewiesen,
was ich heute brauchen mag."

So grüße ich Sie an diesem Tag herzlich und wünsche Ihnen immer wieder neu die Erfahrung, dass Gott Sie tröstet.

Ihr/e

Briefe

1. Todestag
Volkmar Gregori

Verehrte, liebe Familie……!

In diesen Tagen jährt es sich, dass wir miteinander am Grab eines Ihnen vertrauten Menschen standen. Der erste Todestag ruft Ihnen diesen Abschied in besonderer Weise in Erinnerung.

Wahrscheinlich führt Sie Ihr Weg auch auf den Friedhof. Sie richten das Grab her, bringen Blumen, beten und verweilen in Gedanken bei dem Menschen, der noch vor einem Jahr zu Ihnen gehörte.

Was haben Sterben und Tod eines lieben Menschen, in mir bewegt?
Bin ich dadurch auf neue Wege gekommen?
Hat sich meine Einstellung zu anderen Menschen geändert?
Bin ich hellsichtiger und barmherziger geworden für das, worunter ein Mensch leidet?
Hat sich mein Verhältnis zu dem, was ich besitze, gewandelt?
Kann ich zuhören, ohne zugleich von mir selbst zu reden?

Wenn Sie diese Fragen bedenken, merken Sie vielleicht, dass durch die Begegnung mit dem Tod in Ihnen etwas in Bewegung gekommen ist. In Ihnen wachsen Kräfte, Einsichten, Hoffnungen. In kleinen Schritten entdecken Sie das Leben für sich anders und neu.

Wo Sie die Veränderungen, die Sie durch den Tod erfahren haben, annehmen können, geschieht ein Stück Überwindung des Todes. Sie erleben: Gott ist Ihnen nah. Er will in Ihrem Leben wohnen. Er will Neues in Ihnen wachsen lassen.

Möge dadurch Ihr Mut zum Leben und der Mut zum Zu-Leben auf den, der Ihre Zukunft ist – Gott selbst – wachsen.

So grüßen wir Sie zum ersten Todestag Ihres Angehörigen herzlich und wünschen Ihnen, daß Sie die Veränderungen, die Sie durch den Tod erfahren haben, annehmen können und dabei in Ihrem Vertrauen auf Gott gestärkt werden.

Ihr

Briefe

Zugezogen
Volkmar Gregori

Sie sind vor einiger Zeit in……… zugezogen. Im Namen der Kirchengemeinde möchte ich Sie herzlich begrüßen und willkommen heißen.
Unruhe, Sorge und Mühe, die ein Umzug mit sich bringt, liegen nun hoffentlich hinter Ihnen. Wir wünschen Ihnen, dass Sie sich in…… wohlfühlen, Ihre Erwartungen sich erfüllen, Sie mit den…… zurecht kommen und bald sagen können: In…………, da lässt sichís leben!

Die Zeit in………… soll für Sie eine gute Zeit werden. Dazu möchte auch Ihre neue Kirchengemeinde beitragen. Mit dem Gemeindebrief möchten wir Verbindung zu Ihnen halten und Sie über das Gemeindeleben informieren.

Wir laden Sie herzlich ein, am vielfältigen Leben unserer Gemeinde teilzunehmen. Sie werden dabei Menschen begegnen, die es gut meinen, weil sie sich darauf verlassen, dass Gott es mit ihnen gut meint. Ein Wohnungswechsel ist in vielerlei Hinsicht ein Neuanfang. Vielleicht bietet er auch Gelegenheit, mit der christlichen Gemeinde einen Neuanfang zu machen.

Gerne würde ich Sie persönlich kennenlernen. Wenn Sie das auch möchten, dann rufen Sie bitte in unserem Pfarramtsbüro an und lassen es mich wissen.

Mit freundlichen Grüßen und guten Wünschen

Ihr/e

Briefe

Kirchenaustritt
Johannes Steiner

Sehr geehrte/r Herr/Frau.......!

Sie sind aus der Evangelischen Kirche ausgetreten! Das wurde uns vom Standesamt mitgeteilt.
Ich bedaure diesen Schritt, den Sie aus der Kirche gemacht haben, sehr! Für uns als Kirchengemeinde und für mich als deren Pfarrer wäre es schon wichtig und interessant gewesen, welche Beweggründe Sie zu diesem doch folgenschweren Entschluss geführt haben.

Trotz allem bin ich auch jetzt noch zu einem Gespräch mit Ihnen bereit. Jedoch nicht um Ihre Entscheidung rückgängig machen zu wollen, sondern in einem offenen und ehrlichen Gespräch von Ihnen zu hören, ob Sie sich über uns geärgert haben oder Sie sich immer mehr von der Kirche entfremdet haben, ob Sie enttäuscht sind oder einfach Steuern sparen wollten?!

Danken möchten wir Ihnen für die Zeit, in der Sie Mitglied unserer Kirche waren und sie zumindest durch Ihre Kirchensteuer unterstützt haben.

Weiterhin sind Sie natürlich zu unseren Gottesdiensten und Veranstaltungen eingeladen, wenn auch Ihr Kirchenaustritt einige rechtliche Folgen hat:

Sie können nun nicht mehr Taufpate sein. Sie verlieren das kirchliche Wahlrecht und können weder kirchlich getraut noch kirchlich bestattet werden.

Auch wenn Sie nun aus der Kirche ausgetreten sind, bleibt Ihre Taufe und die damit verbundene Zusage Gottes doch gültig, Sie auf Ihrem Lebensweg zu begleiten.

Ich wünsche Ihnen, dass Sie davon immer wieder etwas spüren in Ihrem Leben und verbleibe mit freundlichem Gruß.

Briefe

Kirchenaustritt
Dirk Acksteiner

Sehr geehrter Herr NN,

vom Standesamt haben wir die Mitteilung bekommen, dass Sie aus der Kirche – und damit auch aus der Kirchengemeinde hier vor Ort – ausgetreten sind. Wir bedauern Ihre Entscheidung sehr, zumal wir die Gründe für Ihren Kirchenaustritt nicht kennen. Sollten Sie sich über kirchliche Mitarbeiter oder Kirchenmitglieder geärgert haben, weil diese ihrem Auftrag, Gottes Wort zu verkündigen und den christlichen Glauben zu leben, nicht nachgekommen sind, bitten wir Sie um Vergebung.
Mit diesem Brief möchten wir uns von Ihnen verabschieden, Sie auf die Folgen Ihres Kirchenaustrittes hinweisen, aber auch deutlich machen, dass wir uns weiterhin bemühen wollen, für Sie und Ihre Anliegen offen zu sein.

Zunächst einmal: Haben Sie vielen Dank für die Zeit, die Sie unserer Kirche angehört haben und durch aktive oder finanzielle Beteiligung das Handeln der Kirche unterstützten: Gottesdienste und seelsorgerliche Begleitung, Religionsunterricht und Konfirmandenarbeit, Gruppen und Kreise der Kirchengemeinde für Kinder, Jugendliche, Erwachsene und alte Menschen, Einrichtungen der Diakonie (Kindergärten, Krankenhäuser, Seniorenheime, Beratungsstellen und vieles mehr), Hilfe für die Entwicklungsländer – um nur einige Arbeitsfelder zu nennen.

Vielleicht sagen Sie sich: „So wenig wie ich „kirchliche Dienstleistungen" in Anspruch nehme – da sind mir die Kosten zu hoch. Ich trete aus der Kirche aus und spare mir die Kirchensteuer."

Die Kirche ist aber kein Dienstleistungsunternehmen, sondern eine christliche Solidargemeinschaft. Das heißt: Wer mehr Geld zur Verfügung hat, zahlt für diejenigen mit, die weniger oder gar kein Geld haben. Solcher Gemeinschaftssinn ist im Raum der Kirchen nicht eine Frage politischer Überzeugung. Er ist Folge des christlichen Glaubens, wie er uns in der Bibel begegnet.

Wie Sie sicherlich wissen, hat Ihr Kirchenaustritt auch rechtliche Folgen. Sie verlieren das kirchliche Wahlrecht. Sie können nicht mehr Pate sein, können nicht kirchlich getraut oder beerdigt werden.
Ein Wiedereintritt in die Kirche ist zwar jederzeit möglich, doch geschieht dieser nicht als rein formaler Akt bei einer Behörde, wie der Austritt. Sie werden dann nach den Gründen für Ihren Austritt und für Ihren Wunsch nach Wiedereintritt befragt und müssen diese offen legen.

Auch wenn Sie nun kein Kirchenmitglied mehr sind, können Sie an Gottesdiensten und Gemeindeveranstaltungen teilnehmen. „Gott will, dass alle Menschen zur Erkenntnis der Wahrheit kommen und gerettet werden." (1. Tim. 2, 4) – Gottes Liebe gilt weiterhin für Sie.
Wir sind gerne zu Gesprächen mit Ihnen bereit.

Mit freundlichen Grüßen

Briefe

Kirchenaustritt
Thomas Schwab

Lieber Herr……!

Wie ich durch unsere Marktgemeinde………. erfahren habe, haben Sie sich entschlossen, aus der Kirche auszutreten. Ich bedauere diesen Entschluss insbesondere deshalb, weil mir keine Gründe für diesen Schritt bekannt sind und vielleicht ein gemeinsames Gespräch im Vorfeld eventuelle Verärgerungen oder Fragen hätte klären können. Vielleicht besteht die Möglichkeit im Nachhinein, miteinander ins Gespräch zu kommen. Ich würde mich sehr darüber freuen.

Lassen Sie mich darauf hinweisen, dass durch Ihren Austritt natürlich auch Ihre kirchlichen Rechte ruhen. So ist es nun nicht mehr möglich, ein Patenamt zu übernehmen und Sie können auch nicht damit rechnen, kirchlich bestattet zu werden.

Mit freundlichen Grüßen
Ihr/e

Briefe

Kirchenaustritt
Reinhard Grebe

Liebe/r......!

Eigentlich hatte ich gehofft, Sie würden mir nach unserem letzten Gespräch klipp und klar Ihre Entscheidung mitteilen.
Nun habe ich ein amtliches Schreiben in Händen, das mir den Sachverhalt Ihres Kirchenaustrittes benennt.
Keine Bange, ich werde nicht versuchen, mit Jammern oder Ersatzvergoldungen Ihren Entschluss zu entkräften. Ich bin nur traurig; traurig nicht etwa deshalb, weil Sie jetzt in meiner Gemeindestatistik ein dickes Minus darstellen, sondern weil Sie immer noch nicht gemerkt haben, wie viel Mühe sich Gott mit Ihnen gegeben hat. Über die paar Mark Kirchensteuer brauchen wir nicht weiter zu reden: Sie wissen als durchaus informierter Mensch, was mit dem Geld geschieht. Aber, und da sind wir beim Punkt, Sie haben gesagt: „Ich glaube nur noch, was ich sehe! Bleiben Sie mir doch vom Leib mit Gott und Glauben und all dem Kram!"
Für Sie ist das also ganz logisch: „Kirche heißt Gemeinschaft von Glaubenden: Da ich das nicht glauben kann, trete ich aus! Und da das doch irgendwie bei den Bekannten und Freunden zu wenig greifbar sein könnte, mache ich das, was andere auch tun. – Ich hacke auf der Kirchensteuer und auf der „Institution Kirche" herum. Alles nickt, also – was wollt ihr? Seid doch selber schuld!" „
Das ist es, was mich traurig macht. Sie werden immer eingebunden sein in eine Gemeinschaft. Sie werden es auch wollen. Nur haben Sie in Ihrem Fall vergessen, dass jede Gemeinschaft aus Menschen besteht, Menschen, die nicht vollkommen sind, genau wie Sie auch, Menschen, die in ihrer ureigensten Weise versuchen, sich einander mitzuteilen, zum Beispiel auf dem Feld des Glaubens.
Das stößt Sie ab. Das halten Sie für Schwäche. So sagten Sie in unserem letzten Gespräch und betonten sehr ungehalten, dass Sie nur noch bereit seien, das zu glauben, was Sie sehen würden.
Gott hat sich viel Mühe mit Ihnen gegeben. Genau das bestreiten Sie! Denn Sie glauben nur an das, was Sie sehen.
Na, dann viel Vergnügen! Haben Sie die Liebe Ihres Partners schon mal gesehen? Liebe kann man nicht sehen, höchstens ihre Auswirkungen. Haben Sie das Leben, das Sie erfüllt, schon mal gesehen? Ich meine

nicht den biologischen Funktionsapparat, sondern das, was Sie so sein lässt, wie Sie sind. Das kann man weder chemisch nachweisen oder einrahmen und an die Wand hängen. Nein, dieser „Stoff" ist Gabe und macht jeden Menschen unverwechselbar. Er ist da wie die Luft zum Atmen. – Ach, die kann man auch nicht sehen!

Alles, was Sie sind und haben, ist Gabe. In allem, was Sie sind und haben, sind Sie abhängig. Auch diesen Zustand kann man nicht sehen. Aber das ändert nichts daran, dass Sie abhängig sind.

Ich wünsche Ihnen auf dem Wege, der jetzt vor Ihnen liegt, gute Erkenntnisse und die Einsicht, dass Glaube nichts zu tun hat mit Dummheit oder Wahn, sondern mit Erkenntnis.

Meine Tür bleibt offen.

Biefe

Kirchenaustritt
Volkmar Gregori/Hans Körner

In diesen Tagen erhielten wir vom Standesamt die Mitteilung, dass Sie am............... Ihren Austritt aus der evangelischen Kirche erklärt haben.

Uns schmerzt diese Entscheidung sehr. Wir wissen nicht, welche Gründe Ihr Kirchenaustritt hat. Vielleicht sind Ihnen der christliche Glaube und die Kirche fremd geworden. Vielleicht wollen Sie keine Kirchensteuer bezahlen. Vielleicht sind Sie von Mitarbeitern und Mitarbeiterinnen der Kirche enttäuscht. Vielleicht beabsichtigen Sie in eine andere Kircheoder eine sogenannte „freie Gemeinde" überzutreten.

Wir möchten Ihnen für die Zeit danken, in der Sie unserer Kirche angehörten und die vielfältigen Aufgaben unserer Kirchengemeinde unterstützt haben, wie Verkündigung des Evangeliums, Religionsunterricht in den Schulen, Vorbereitung der Jugendlichen auf die Konfirmation, Gruppenarbeit und Unternehmungen mit Kindern und Jugendlichen, Erwachsenen und Senioren, Trägerschaft des Kindergartens, häusliche Kranken- und Altenpflege in unserer Gemeinde, Begleitung von Menschen in besonderen Lebenssituationen, Verbindung mit den Kirchen in der Dritten Welt und anderes mehr. Wir bedauern es sehr, wenn Sie nun nicht mehr in unserer Kirche und durch unsere Kirche an diesem Netz der Menschlichkeit und Nächstenliebe in unserer Stadt und in unserer Gesellschaft mitknüpfen wollen.

Unsere evangelische Kirchengemeinde in............ und ihre Mitarbeiter und Mitarbeiterinnen haben Schwächen und machen Fehler. Die lebendige Mitte unserer Gemeinde aber bleibt Christus und seine Liebe, die sich allen öffnet. Deshalb möchten wir Ihnen sagen, dass Sie auch weiterhin zu unseren Gottesdiensten und Gemeindeveranstaltungen eingeladen sind, wenn auch Ihr Kirchenaustritt rechtliche Folgen hat:
Sie können jetzt nicht mehr Pate sein. Sie haben das kirchliche Wahlrecht verloren. Nur unter bestimmten Voraussetzungen können Sie kirchlich getraut werden. Sie können nicht kirchlich beerdigt werden.

Sie sind nun zwar aus der evangelischen Kirche ausgetreten, aber Gott hat Sie nicht aus seinen Gedanken ausgeschlossen. „Keinem von uns ist Gott fern". In unseren Gebeten denken wir an Sie.

Wenn Sie es wünschen, sind wir für Sie gerne zu sprechen.

Mit freundlichem Gruß

Übrigens: Wussten Sie, dass Sie nach Ihrem Kirchenaustritt einen höheren Steueranteil an den Staat zahlen müssen!? Auch deswegen „lohnt" sich der Kirchenaustritt nicht.

Verzeichnis der Mitarbeitenden

Acksteiner, Dirk (Pressig-Rothenkirchen)
Beck, Johann (in Langenau bis 1997)
Grebe, Reinhard (Steinbach am Wald)
Gregori, Volkmar (Ludwigsstadt)
Grießbach, Dirk (in Lauenstein bis 2000)
Heckel, Wolfgang (Ebersdorf)
Körner, Hans (in Ludwigstadt II und Steinbach an der Haide bis 1999)
Neeb, Andreas (Langenau)
Neeb, Kathrin (Langenau)
Schwab, Thomas (in Tettau bis 1999)
Steiner, Johannes (in Kleintettau bis 1998)